U0826108

涵泳经典丛书

史记心解

倪晋波 著

東方出版中心

图书在版编目（CIP）数据

《史记》心解 / 倪晋波著. —上海：东方出版中心, 2020.12
ISBN 978-7-5473-1741-9

Ⅰ. ①史… Ⅱ. ①倪… Ⅲ. ①中国历史—古代史—纪传体 ②《史记》—研究 Ⅳ. ①K204.2

中国版本图书馆 CIP 数据核字（2020）第 271848 号

《史记》心解

著　　者　倪晋波
责任编辑　王　婷
装帧设计　钟　颖

出版发行　东方出版中心
地　　址　上海市仙霞路 345 号
邮政编码　200336
电　　话　021-62417400
印 刷 者　杭州日报报业集团盛元印务有限公司

开　　本　700mm×1000mm　1/16
印　　张　14.25
字　　数　160 千字
版　　次　2021 年 2 月第 1 版
印　　次　2021 年 2 月第 1 次印刷
定　　价　52.00 元

版权所有　侵权必究
如图书有印装质量问题，请寄回本社出版部调换或拨打021-62597596联系。

总 序

面对人类命运共同体的宏大构思和伟大实践，中国高等教育应如何响应、调整、改革、创新？汉语言文学专业建设应如何适应时代发展需求，如何打造一流专业服务国家发展战略？

毋庸置疑，在传统视域下，汉语言文学专业在培育人文情怀、提升国民素质、塑造民族精神方面发挥了重大作用。今天，这样的作用依然重要，但时代赋予了汉语言文学专业更迫切、更艰巨的使命。如何讲好中国故事，让“一带一路”沿线国家认同我们，接纳我们，“两情相悦”地合作共赢？这一“以文化人”的工程谁来承担？构建人类命运共同体的核心理念无疑是和而不同、文明互鉴、多元包容，这些蕴藏在中国传统文化中的精髓，谁来挖掘、传播？汉语言文学专业具有得天独厚的优势和义不容辞的责任。

古今中外，思考、设计民族前进的方向，不外乎在传统和域外之间，结合现实整合调融，进而描绘民族发展蓝图。春秋时期的孔子是这样，清朝后期的康有为也是这样；日本的明治维新如此，欧洲的启蒙运动亦是如此。这种状况启发我们尝试在域外和传统之间探寻汉语言文学专业的教学内容和教学方法，在人类命运共同体视域下思考和设计汉语言文学专业的建设路径和改革举措。

1961 年，大卫·丹比从哥伦比亚大学毕业。30 年后的 1991 年，他成为《纽约》杂志的影评人，两个孩子的父亲，过着中产阶级舒适的生活。但在岁月流逝、世事喧嚣中，他似乎感到自己的人生迷失了方向。在“摇晃”和“厌恶”中，怀旧、遗憾、愤怒，甚至绝望的情绪在他的身上不断积累。万般无奈之下，他以自我救赎的方式，重回哥大，用整整一年的时间重修当初的文学人文、当代文明课程，研读荷马、柏拉图、亚里士多德、但丁、薄伽丘、康德、莎士比亚、黑格尔、尼采、康拉德、伍尔夫等人的经典著作。这些作品最直接地触及“人是什么，又应该是什么”以及“人应该如何在文明社会中生活”这些最重大的主题。大卫·丹比将这一年的教学情景和自己重读的乐趣及发现写成了《伟大的书》。这本书成为《纽约时报书评》1996 年令人瞩目的书。大卫·丹比在与这些经典“历险”时，他那失落的自我一点一点地回归，经典可以启发人们从庸俗中解脱出来去感受美好和高贵，去倾听那些静谧的、永恒的声音，去孕育一种人所必需的性格的稳固性和明澈性。

2017 年春，《扬州大学文学院史料汇编》面世。通览此书，文学院汉语言文学专业的发展历程与“三教”密切关联。建校伊始，中文系即以“三教”制定规章，组织教学，逐步形成了“教学实践中坚持夯实基础”“教材建设中坚持自己动手”“教师培养中坚持思想引导、能力提升”等以“三教”为主轴的具有独创性的教学体系。“三教”教学体系的建立，使得中文系教学质量不断提高，一大批杰出校友茁壮成长，蜚声海外。他们中有长江学者，国家名师，诗词学专家，楚辞学专家，戏曲学专家，国家重大招标项目、教育部重大攻关项目主持人，全国统编语文教材主编等；有当代著名作家、著名批评家，鲁迅文学奖、茅盾文学奖获得者，卢卡·帕西奥利奖获得者；有世界美学学会主席，中国现代文学研究会会长，中华美学学会会长，中外文论研究会会长等。所有这一切，都无法割断与“三教”的紧密关联。重视“三教”，是历史提供给未来的成功的教学经验。

上述案例生动昭示了“经典”在人性伸展、人生成长中的价值和意义，“三教”在人才培养、专业建设中的地位和作用。

新世纪以来，汉语言文学专业求新求变的呼声越来越高，对保守滞后的质疑越来越多，紧跟时代步伐、适应社会需求的期待越来越强。伴随着中国发展的“块头”越来越大，“一带一路”朋友圈越来越大，中国文化的影响必将日益扩大，地位必将不断提高。由此，汉语言文学专业人才培养目标、素质能力必须作出新的呼应和调整。

人才培养离不开课程，课程内容必须由教材承载，课程、教材必须由教师来开发、讲授、活化、创新。教师、教材、教学，三位一体，相辅相成，相得益彰。毋庸置疑，汉语言文学专业建设必须以教师、教材、教学之“三教”为抓手。

古今中外教育实践证明，经典对人的价值观、世界观、人生观有着不可替代的巨大作用。当前，“国学热”“读经热”方兴未艾，经典诵读节目如火如荼，这些都生动诠释了社会、学校、公民前所未有的对经典的需求、对经典的呼唤。近几十年的专业教学改革没有找到一个能够将人才培养方案、课程结构体系有效统合的支点，唯有经典文本不仅可以将二者啮合在一起，还能将教师、教材、教学之“三教”聚焦对接。毫无疑问，未来汉语言文学专业建设需要以经典为中心。

未来，培养模式更加多元开放。在人类命运共同体视野下，“经典”与“三教”的激荡聚合，不但可以催生经典文本导读和开放式问题引导，而且可以汲取海外汉学研究的成果，如《剑桥中国文学史》的叙述方式、《哥伦比亚中国文学史》的一些议题，启发学生在跨文化语境中关注不同文明史、文学史的发展概况，激发学生自主思考世界文学以及文化中有关生态、疾病、爱情、战争、死亡等主题作品的叙事风格，拓展专业人才知识结构的深度和广度，建构多元包容的人文情怀。

由此，我们在江苏省品牌专业和国家一流专业建设过程中，确立“以经典为中心，以三教为抓手”的专业建设路径，动员教学一线骨干教师围绕经典文本申报教材建设项目，组织专家对申报项目认真论证评审，陆续出版“以经典为中心，以三教为抓手”的“涵泳经典丛书”。

涵泳，即多读、细读，精思、深思。《辞源》云“深入体会”，《辞海》曰“沉浸”。即在对经典的咀嚼、磋磨、追问中，体会作品的气势神韵、旨趣精髓。“涵泳”一词，早在左思《吴都赋》中已有“涵泳乎其中”的应用。陆九渊《读书》诗：“读书切戒在慌忙，涵泳工夫兴味长。”程颐《论学篇》：“入德必自敬始，故容貌必恭也，言语必谨也。虽然，优游涵泳而养之可也，拘迫则不能入矣。”在漫长的历史长河中，“涵泳”一词，或为文论术语，指文学艺术鉴赏的一种态度或方法，在鉴赏文学艺术作品时应该沉潜其中，反复玩味，以获言外之意，象外之旨；或为读书方法，强调读书的状态和心境。朱熹云：“学者读书，须要致身正坐，缓视微吟，虚心涵泳，切己省察。”曾国藩《谕纪泽》说得更加形象：“涵者，如春雨之润花，如清渠之溉稻……泳者，如鱼之游水，如人之濯足……善读书者，须视书如水，而视此心如花、如稻、如鱼、如濯足，则涵泳二字，庶可得之于意言之表。”将读书时的心境状态比喻为春雨润花，清水溉稻，鱼游水中，溪流濯足，即在一种自然本真的状态下，虚静澄澈地沉浸在浩瀚墨海里，涵泳兴味，澄怀味象，方能知其意、得其趣、悟其神。因此，我们将此套丛书命名为“涵泳经典丛书”。期待广大师生在涵泳经典的过程中，圆照体悟，宁静致远，拓展情怀，净化心灵，提升境界。

丛书的出版凝聚了广大师生积极探索中西经典文本资源以使之向优质教育资源转化的热切期待，激荡着社会发展呼唤经典文本再读与人格养成、人性伸展共振嬗变、互动绵延的时代强音，蕴含了对出版社领导及编辑付出辛勤劳动的真挚谢忱。

柳　宏　王定勇

2020 年 3 月于瘦西湖畔

目录

第一章

作为「心灵史」的《史记》

第一节
“龙门之史”的四重品格

《司马迁》

（清·谢启昆《树经堂咏史诗》卷一）

龙门禹穴郁心胸，世掌天官太史公。
富贵不彰名易没，是非乃定恨无穷。
李陵祸起悲臣志，壶遂书来忆祖风。
成一家言五十万，千秋纪传创元功。

一、正史鼻祖

《史记》是一部怎样的书？这个问题的答案似乎不言自明。最早为司马迁作传的班固在《汉书·司马迁传》中说：“刘向、扬雄博极群书，皆称迁有良史之材，服其善序事理，辨而不华，质而不俚，其文直，其事核，不虚美，不隐恶，故谓之实录。”[1] 博雅弘辩、实录无隐、劝善黜恶、树之风声，是谓“良史”。另外，班氏《汉书·艺文志》又将“《太史公》百三十篇”与《左氏传》《国语》《战国策》等史书并置，列为“《春秋》二十三家”之一。[2] 可见，刘向、扬雄和班固等两汉学者均视前

1　［汉］班固撰、［唐］颜师古注：《汉书》，中华书局，1962，第2738页。
2　同上书，第1714页。

辈司马迁为史家、《史记》为史书。事实上，司马迁自己对这个问题也十分清楚。《史记·太史公自序》云：

网罗天下放失旧闻，王迹所兴，原始察终，见盛观衰，论考之行事，略推三代，录秦汉，上记轩辕，下至于兹，著十二本纪，既科条之矣。并时异世，年差不明，作十表。礼乐损益，律历改易，兵权山川鬼神，天人之际，承敝通变，作八书。二十八宿环北辰，三十辐共一毂，运行无穷，辅拂股肱之臣配焉，忠信行道，以奉主上，作三十世家。扶义俶傥，不令己失时，立功名于天下，作七十列传。凡百三十篇，五十二万六千五百字，为《太史公书》。序略，以拾遗补艺，成一家之言，厥协六经异传，整齐百家杂语，藏之名山，副在京师，俟后世圣人君子。第七十。

太史公曰：余述历黄帝以来至太初而讫，百三十篇。[1]

“原始察终，见盛观衰”“上记轩辕，下至于兹”云云，即所谓“通古今之变”，揭橥了《史记》的史书性质。确乎，司马迁思接千载，采撷异闻，网罗旧史，创为“五体”——“本纪”传帝王、“世家”记侯国、“列传”叙人物、“表”以列大事、“书”以载制度，撰成130卷、52万余字的不朽巨制《史记》。这是当时卷帙最为浩繁的著述，也是与日月同辉的正史鼻祖。

《宋元学案》之《庐陵学案·庐陵续传》引郑耕老《读书说》，其文统计有秦、汉“九经”的字数，曰：

立身以力学为先，力学以读书为本。今取《六经》及《论语》《孟子》《孝经》，以字计之，《毛诗》三万九千二百二十四

1 ［汉］司马迁撰、［南朝宋］裴骃集解、［唐］司马贞索隐、［唐］张守节正义：《史记》，点校本二十四史修订本，中华书局，2014，第4027、4029页。本书所引《史记》原文及“三家注”文均出此本，如非必要，以下不再详注。

字，《尚书》二万五千七百字，《周礼》四万五千八百六字，《礼记》九万九千二十字，《周易》二万四千二百七字，《春秋左氏传》一十九万六千八百四十五字，《论语》一万二千七百字，《孟子》三万四千六百八十五字，《孝经》一千九百三字。大小九经合四十八万九十字。

（梓材谨案：此说有作《欧阳公读书法》者，其数诸经，先《孝经》，次《论语》一万一千七百五字，次《孟子》，次《周易》二万四千一百七字，次《尚书》，次《诗》三万九千二百三十四字，次《礼记》九万九千一十字，次《周礼》，次《春秋左传》。先后、字数微有不同。又云：“九经正文，通不过四十七万八千九百九十五字。童子日诵三百字，不五年，略可上口。”是先生之说盖本欧公，而字数有异尔。）[1]

上述数字与当代学者的统计均有所出入，但相差不多。据称，先秦典籍中，《老子》五千多字，《孙子兵法》六千字左右，《春秋》约一万八千字，《论语》一万六千多字，《庄子》六万余字，《荀子》七万多字，《韩非子》十万余字，《吕氏春秋》有二十万余字。[2] 无论如何，《史记》一书的字数比秦、汉大小“九经”之和还要多出四万之数，其部头之殊，堪称空前。当然，字数的多寡并不是决定一部书价值的本质因素。比如《孝经》，全书不足两千字，却是公认的最重要的中国文化经典之一。但是，若虑及当时书于竹简的困难和司马迁笔之削之的心境，我们便不能不将《史记》的浩繁卷帙看作文化史上的一个奇迹！

更重要的是，太史公以非凡的创造力熔铸古今子史体式，蕴藉百家，列人物于纪传，创法立制，统遗逸于书表，令《史记》的篇章曲尽周密

1 ［清］黄宗羲原著，全祖望补修，陈金生、梁运华点校：《宋元学案》（第一册），中华书局，1986，第219—220页。

2 杨义：《〈史记〉人文世界及著述体例》，载《学术研究》2012年第12期，第128—138页。引按：《庄子》今本三十三篇。《史记·老子韩非列传》称庄子“著书十余万言，大抵率寓言也”。《汉书·艺文志》：“《庄子》五十二篇。”司马迁所言应该是就汉代流传的五十二篇而论。

而执本末从。嗣后，班固撰述《汉书》，一方面省称“本纪”“列传”为“纪”“传”，同时取消“世家”，改“书”为“志”。自是以降，古典史著，特别是正史的体例基本都遵循此一模式，但追本溯源，其根底还在《史记》。因此，《史记》不愧为正史圭臬。清代赵翼《廿二史札记》卷一《各史例目异同》论曰：“司马迁参酌古今，发凡起例，创为全史。本纪以序帝王，世家以记侯国，十表以系时事，八书以详制度，列传以志人物，然后一代君臣政事，贤否得失，总汇于一编之中。自此例一定，历代作史者遂不能出其范围，信史家之极则也。”[1] 诚哉斯言！

二、古文典范

事物是属性的集合，且边界由其关联范围来界定。《史记》诚为不朽史著，但汉代人已经意识到，司马迁之文“辨而不华，质而不俚，其文直，其事核，不虚美，不隐恶”，这指的是其叙事特征和文学品格。所以，《史记》是一部怎样的书，不可遽论于一而必须框定其多向边界。事实上，古今学者对《史记》的文学性质也是一致公认的。

魏晋以降，张辅、刘勰等人对《史记》的文学特征均有自己的论述，但多着眼于文辞而未及其余。[2] 至唐代，古文运动的先驱韩愈、柳宗元，大力推扬《史记》。韩愈在评价柳宗元的文章时就说：“雄深雅健，似司马子长，崔、蔡不足多也。”以历史视野衡论其文，虽然不无古为今法的考量，但司史迁之文亦在此时被引入文学史框架，其文学经典性的确立亦由此展开。循此，宋之欧阳修，明之归有光、茅坤、金圣叹等，各申宏论，表而出之，《史记》的文章艺术渐被抉发。其中，明代“前后七子”标榜复古，主张“文必秦汉，诗必盛唐”，对《史记》甚为推崇。王世贞

---

1 ［清］赵翼著、王树民校证：《廿二史札记校证》，中华书局，1984，第3页。

2 可永雪：《名山之宝谁识得？——谈前人在对〈史记〉文学性的认识上所走过的路》，载《语文学刊》1987年第3期，第1—4页。按：该文署名“可咏雪”，“咏”当为“永”之讹。相关论述也可参氏著《〈史记〉文学成就论衡》。（中央民族大学出版社，2012）

《艺苑卮言》卷三曰：

> 太史公之文，有数端焉：《帝王纪》，以己释《尚书》者也，又多引图纬子家言，其文衍而虚；《春秋诸世家》，以己损益诸史者也，其文畅而杂；《仪》《秦》《鞅》《睢》诸传，以己损益《战国策》者也，其文雄而肆；《刘》《项》纪，《信》《越》诸传，志所闻也，其文宏而壮；《河渠》《平准》诸书，志所见也，其文核而详，婉而多风；《刺客》《游侠》《货殖》诸传，发所寄也，其文精严而工笃，磊落而多感慨。[1]

从来源角度分类论述《史记》纪、传、书诸体，正如同时代的茅坤对其各篇文字“别为变调”的论断[2]，显见对其文学特质的审视已深入肌理，细致而微，《史记》的文学经典性也正于其间渐获确证。及至清代，更有桐城派诸贤，视《太史公书》为“古文典范”，心慕手追。

现代以来的学者渐渐从传统文章学的认知藩篱中超离，从“文学性”角度来界定《史记》。就笔者目前所见，雷协中先生是最早论述《史记》“文学色彩”的现代学者。他在发表于1922年的《史记的文学观》中说：“《史记》一书，比较下来，不仅在史学界称泰斗，就是在文学界也是出人头地。他于百忙的一部历史中，到处参用小说材料，表现出他的文学色彩，这是他的特长处。”[3] 雷协中先生以现代的“文学观念”来考察《史记》，具有开创性，但是他仅仅看到《史记》与小说的关系，实际上并没有超出明代李开先以来的观点。这一时期的学者中，最早标举《史记》的“文学性”且进行了较完整论述的是袁著先生。他在1930年发表的两万余字长文《司马迁史记文学之研究》中，一方面批评司马迁因“没有存疑精神”而降低了《史记》的“征实价值”，另一方面又极力鼓吹其文

---

1 ［明］王世贞著、罗仲鼎校注：《艺苑卮言校注》，齐鲁书社，1992，第101页。

2 ［明］茅坤：《读史记法》，载《史记钞》前附，哈佛大学藏明泰昌元年乌程闵氏刊朱墨套印本，第5页。

3 雷协中：《史记的文学观》，载《云南教育杂志》1922年第11卷第7期，第26—29页。

学价值。他说：

> 但我们若易以文学的眼光来看就不然了。他对于个性的描写，和典型人物的创造，在我国的文学上，实在是任何文学家，不能望其项背的。如果他是一个戏剧家，他简直可与英国的莎士比亚互相伯仲。我现在肯定在文学的价值，只有“司马文章在，光焰万丈长”的赞语。真的，她在我国文学上的位置，可以说是冠绝古今的。[1]

以史迁之文为冠绝古今，实际上是申述明清学士之论。明人茅坤曾说：“屈宋以来，浑浑噩噩，如长川大谷，探之不穷，揽之不竭，蕴藉百家，包括万代者，司马子长之文也。”[2] 清代的唐彪更是直言：“司马子长之文，为古今第一者，以其天资高迈，博记群书，又得师传心性之功，常收视反听，使天君湛然，故光明焕发。……其大篇包罗众有，则如千岩竞秀，万壑争流；其微辞旁见侧出，寓意于叙事之外，则如天马行空，不可踪迹，可谓化工之巧，非人力所能仿佛矣。虽其纪载往事附会讹误，亦时有之，然以文论，则无美不臻，大成之名不得不归之也。”[3] 这是推崇备至而近乎神化了。此一抑扬过当、贬彼褒此的态度亦为袁著所承，固不足取，但他对“《史记》文学的艺术特质”的理论分析和系统阐述，显示现代学者在新思潮的熏染下已不满足于传统文章学的思路，而基于本质主义的立场深入《史记》的文本，探寻其文学性的逻辑边界和呈现方法，堪称新文学运动以来“文学的《史记》”研究的嚆矢。

---

1 袁著：《司马迁史记文学之研究》，载《国立中央大学半月刊》1930 年第 1 卷第 13 期，第 115—156 页。按：“她”，如非“他”之讹，则似指《史记》一书。又按：可永雪先生在《〈史记〉文学性界说——纪念司马迁诞辰 2140 周年》（《内蒙古师大学报》1995 年第 3 期，第 44—51 页）一文中亦提到了该篇，但将“袁著”误为“袁菖”。

2 ［明］茅坤：《读史记法》，载《史记钞》前附，哈佛大学藏明泰昌元年乌程闵氏刊朱墨套印本，第 6 页。

3 ［清］唐彪辑著，赵伯英、万恒德选注：《家塾教学法》，华东师范大学出版社，1992，第 141—142 页。

袁著先生对《史记》文学性及其价值的推激并非绝唱。在定稿于1947年的《司马迁之人格与风格》一书中，李长之先生视《史记》为“史诗”、称司马迁为“伟大的诗人”。他说：

> 我们当然可以从各方面去看司马迁，但即单以文章论，他也已是可以不朽了！试想在中国的诗人（广义的诗人，但也是真正意义的诗人）中，有谁能像司马迁那样有着广博的学识，深刻的眼光，丰富的体验，雄伟的气魄的呢？试问又有谁像司马迁那样具有大量的同情，却又有那样有力的讽刺，以压抑的情感的洪流，而使用着最造型底史诗性底笔锋，出之以唱叹的抒情诗的旋律的呢？在中国的文学史上，再没有第二人！
>
> 司马迁使中国散文永远不朽了！司马迁使以没有史诗为遗憾的中国古代文坛依然令人觉得灿烂而可以自傲了！司马迁使到了他的笔下的人类的活动永远常新，使到了他的笔下的人类的情感，特别是寂寞和不平，永远带有生命，司马迁使可以和亚历山大相比的雄才大略的汉武帝也显得平凡而黯然无光了！[1]

无与伦比的激情、滂沛飞扬的言辞、煽惑人心的敷陈和前所未见的论调，李长之先生俨然是以诗人对诗人的共情来拥抱司马迁！事实上，李长之先生本就是诗人，在《司马迁之人格与风格》一书长达十年的写作过程中，他压抑着生活的窘迫和悲愤，时哭时笑，誓言要“把《史记》之史诗性底优良写出”[2]——或许，长之先生真的认为自己就是司马迁千载而下唯一的知音呢！李长之先生声言“真的，我们只可能称司马迁是诗人，而且是抒情诗人”[3]，这不仅是对太史公的最高颂扬，也是对“龙门之史”文学性的至臻品赏！

1　李长之：《司马迁之人格与风格》，商务印书馆，2017，第7—8页。
2　同上书，《自序》，第3页。
3　同上书，第8页。

史书以通观古今、叙事传人为本旨，以惩恶扬善、镜鉴来者为依归，文学性并非首要诉求，但是，若能做到文而不缛、质而非野，熔铸史文而致彬彬之美，斯亦称善。美国著名汉学家，也是《史记》最早的英译者之一的华滋生（Burton Watson）曾说过：“无疑的，司马迁的作品之受到中国、韩国、日本广泛的阅读与推崇，一部分是由于他拥有那种一般中国史学家难以企及的文学感性强度。”[1] 总之，现当代以来的中外学者都确认，《史记》不仅是古文的典范，而且是中国文学史上一颗璀璨的明珠。

三、一家之言

胡应麟《少室山房笔丛》卷二曰：“经史子集，区分为四。九流百氏，咸类附焉”；卷十三又论《史记》云：“读之闳肆沉雄，浩乎司马之气矣，而左规右矩，一字增损末由也；绎之精严简奥，渊乎左氏之法矣，而长谷大川，万怪惶惑叵测也。而其义律之乎《春秋》，其旨合之乎《尚书》，弗少悖也，史之至也。”[2] 这是认为《史记》兼备浩然雄深的文学气脉和精严简奥的史书义旨。可见，《史记》归于史、集二部当无疑问。那么，其他二部呢？

西汉昭、宣帝时期的桓宽在《盐铁论·毁学》中称：“大夫曰：司马子言：‘天下穰穰，皆为利往。’”[3] 《盐铁论》是根据汉昭帝始元六年（前81）召开的所谓“盐铁会议”时大臣的论辩而整理的文集，下距《史记》成书不过十年左右的时间，而时人称引司马迁径谓之以“司马子”，值得注意。又，汉末扬雄在《法言·问神》中说：“或曰：淮南、太史公者，其多知与？曷其杂也！”《君子》篇又曰：“淮南说之用，不如

---

1 ［美］华滋生：《司马迁的思想》，张端穗、郎亚玲译，载《东海中文学报》1981年第2期，第91—118页。

2 ［明］胡应麟：《少室山房笔丛》，上海书店出版社，2001，第16、129页。

3 ［汉］桓宽著、王利器校注：《盐铁论校注（定本）》，中华书局，1992，第230页。

太史公之用也。太史公，圣人将有取焉。”将“淮南”与“太史公”并称，无疑是一种暗示。子书的称名或谓“某子”，如先秦诸子之书和汉代《淮南子》等；或谓“某春秋”，如《晏子春秋》等。在《汉书·艺文志》中，《淮南子》和《吕氏春秋》被置于《子略·杂家类》。可见，在汉人心中，《史记》具有子书性质。

章学诚《文史通义》之《亳州志掌故例议上》云：“夫马、班书志，当其创始，略存诸子之遗。《管子》《吕览》《鸿烈》诸家，所述天文地圆官图乐制之篇，采掇制数，运以心裁，勒成一家之言，其所仿也。”[1] 此论或是受到了刘勰“取式《吕览》”之言的影响，从体例角度揭示了《史记》对先秦子书的承续。现代学者高步瀛更进一步，直指司马迁的子学渊源在董仲舒。他在《史记太史公自序笺证》一文起首即说：“案《史记》一书，《汉志》列‘春秋家’，《隋志》以来，冠正史之首。史公春秋之学，出于董子，大义实主《公羊》。其《报任安书》曰：‘亦欲以究天人之际，通古今之变，成一家之言。’故其旨趣，与子家相近，而非若后世之史，沾沾于簿记之为者。”[2] 子书以宣扬道术为鹄的，而司马迁宣称《史记》要“成一家之言”，显然与诸子同气相求。此意除了昭彰于不羁宣言之外，更伏脉于其对“发愤著书史”的建构。《太史公自序》谓：“孔子厄陈、蔡，作《春秋》；屈原放逐，著《离骚》；左丘失明，厥有《国语》；孙子膑脚，而论兵法；不韦迁蜀，世传《吕览》；韩非囚秦，《说难》《孤愤》。”这段话也见于《报任少卿书》。司马迁刻意扭曲《吕氏春秋》等书的编撰史实，声言从孔子到韩非子，其著述均蕴蓄了一己之孤愤，从而自行确认了以诸子为主轴的“发愤著书史”，同时也暗示自己所述与子学传统一脉相通。

《史记》对诸子道术的抉隐发微，最显豁的体式就是“太史公曰”。这是司马迁借鉴《春秋》《左传》“君子曰”的史评体式而来，但又进行

1　［清］章学诚著、叶瑛校注：《文史通义校注》，中华书局，1985，第811—812页。
2　高步瀛：《史记太史公自序笺证》，载《女师大学术季刊》1930年第1卷第1期，第1—74页。

了创造性的发展，具体表现就是除了褒贬抑扬之外，还借此表达个人思想。如《宋微子世家》论赞：

太史公曰：孔子称“微子去之，箕子为之奴，比干谏而死，殷有‘三仁’焉”。《春秋》讥宋之乱自宣公废太子而立弟，国以不宁者十世。襄公之时，修行仁义，欲为盟主。其大夫正考父美之，故追道契、汤、高宗，殷所以兴，作《商颂》。襄公既败于泓，而君子或以为多，伤中国阙礼义，褒之也，宋襄之有礼让也。

在这里，司马迁一方面借《春秋》批评了宋宣公废子立弟而造成十世之乱，表明了对嫡长子继承制的认可；另一方面又超越流俗地赞扬了宋襄公的“礼让”，表明了对礼制的期待。两种态度一反、一正，又引孔子之言为自己论赞之助，展现了太史公对以仁义为核心精神的礼法传统的追慕。类似的阐道立言，颇多见于《史记》。[1] 总而言之，《史记》从体制到内容，均具有子书性质，可附于子部。

四、“《春秋》第二”

“究天人之际，通古今之变，成一家之言”是太史公自言的撰史目标，但细究相关文本，可见这只是其显在的追求，而并非其潜隐的深意。司马迁的父亲司马谈在临终之际，谆谆教导儿子不能忘记修史记、彰盛世的职责，并在最后别有深意地提起孔子修《春秋》以振衰起敝之事：

夫天下称诵周公，言其能论歌文武之德，宣周邵之风，达太王王季之思虑，爰及公刘，以尊后稷也。幽厉之后，王道缺，礼乐衰，孔子修旧起废，论《诗》《书》，作《春秋》，则学者至今

1 相关论述可参看叶文举《经学视野下的〈史记〉与〈周易〉〈春秋〉》第九章《从“微言大义”到“成一家之言”——〈史记〉所潜藏的子书特性》。（安徽师范大学出版社，2015，第115—127页）

则之。自获麟以来四百有余岁，而诸侯相兼，史记放绝。今汉兴，海内一统，明主贤君忠臣死义之士，余为太史而弗论载，废天下之史文，余甚惧焉，汝其念哉！

从文王、武王到周公再到孔子，是后世学者论列的儒家道统的关键谱系，司马谈将其并而论之，并指出了他们的明道经世之意，这对后世儒者的相关论述是否有影响暂且不论，但确乎坚定了司马迁的修史之意并且赋予其至高价值。

汉武帝太初元年（前104），司马迁在主持完成太初历的修订工作后，即着手正式撰写《史记》。消息传出，上大夫壶遂表示担心，并对其进行了规劝，《太史公自序》详细地记载了两人的论辩过程。辩论伊始，司马迁曰：“先人有言：‘自周公卒五百岁而有孔子。孔子卒后至于今五百岁，有能绍明世，正《易传》，继《春秋》，本《诗》《书》《礼》《乐》之际？’意在斯乎！意在斯乎！小子何敢让焉。”周公逝于何时，距离孔子是否有500年，史料失载，无可确考；但是从孔子卒后至司马迁的时代根本没有500年，这是确凿无疑的。孔子卒于鲁哀公十六年，即公元前479年，下距武帝太初元年仅375年！司马迁口称“先人有言”云云，其实不仅改变了其父“自获麟以来四百有余岁”的说法——实际上也没有400年，而且进一步夸饰，以“五百年必有圣人出”作为著史依据。所谓“五百年必有圣人出”云云，源自孟子[1]，后世争议颇多，这里暂不讨论。问题是作为对孔子生平和获麟传说明察秋毫的历史学者，司马迁为什么要这样说？答案就在《史记·十二诸侯年表》的序言部分：

---

1 《孟子·公孙丑下》：“五百年必有王者兴，其间必有名世者。”又，《孟子·尽心下》：“孟子曰：‘由尧、舜至于汤，五百有余岁，若禹、皋陶，则见而知之；若汤，则闻而知之。由汤至于文王，五百有余岁，若伊尹、莱朱则见而知之；若文王，则闻而知之。由文王至于孔子，五百有余岁，若太公望、散宜生，则见而知之；若孔子，则闻而知之。由孔子而来至于今，百有余岁，去圣人之世，若此其未远也；近圣人之居，若此其甚也，然而无有乎尔，则亦无有乎尔。’”汉人赵岐曰：“五百岁而圣人出，天道之常；然亦有迟速，不能正五百年，故言有余也。”（参朱熹《四书章句集注·孟子集注》，中华书局，1983，第250、376—377页）又，扬雄《扬子法言·五百》：“或问：五百岁而圣人出，有诸？曰：尧、舜、禹，君臣也，而并；文、武、周公，父子也，而处。汤、孔子数百岁而生，因往以推来，虽千一不可知也。”（参李守奎、洪玉琴《扬子法言译注》，黑龙江人民出版社，2003，第107页）可见，对于孟子此论，汉人已不信之。

> 周道缺，诗人本之衽席，《关雎》作。仁义陵迟，《鹿鸣》刺焉。及至厉王，以恶闻其过，公卿惧诛而祸作，厉王遂奔于彘，乱自京师始，而共和行政焉。是后或力政，强乘弱，兴师不请天子。然挟王室之义，以讨伐为会盟主，政由五伯，诸侯恣行，淫侈不轨，贼臣篡子滋起矣。……是以孔子明王道，干七十余君，莫能用，故西观周室，论史记旧闻，兴于鲁而次《春秋》，上记隐，下至哀之获麟，约其辞文，去其烦重，以制义法，王道备，人事浃。

周室衰微，礼义凌迟，诸侯乱战，伦常失序。孔子因此编次《春秋》，“制义法，王道备，人事浃”，使之成为王道大纲、治世大法。司马迁所谓“意在斯乎！意在斯乎！小子何敢让焉”，以重复而坚定的语调彰明了继《春秋》而著述的个人理想。错讹的时间线蕴藉着太史公最深沉的自我期许——超越一代良史，暂作“《春秋》第二”！刘咸炘先生指出：“太史之书，上叙《尚书》《春秋》，端在于此，正百家而明古今之变，正所以继经也。”[1] 确实，《史记》究天人、察时变、明大义、返礼乐的指向，令其具有纂承“六经”的实际性质。

黄永年先生在《司马迁的故事》一书中说：“《史记》的作者是司马迁。他是一个学识广博、态度谨严的历史学家；同时他又是一个古典现实主义文学的大师，中国古代的散文，到他手中方才达到一种气魄雄伟、变化无穷、富有活力的完整的表现形式。”[2] 此论是然。不过，更全面地说，《史记》不仅是正史鼻祖、古文典范，而且是一家之言、“《春秋》第二”。以一人而横绝古今，以一书而雄跨四部[3]，两千年以来，舍太史公及其《史记》之外，岂有他者？

---

1 刘咸炘著，张大可、徐兴海校注：《太史公书知意》，商务印书馆，2018，第22页。

2 黄永年：《前言：司马迁和〈史记〉》，载《司马迁的故事》，商务印书馆，2018，第2页。

3 阮芝生先生在《〈史记〉的特质》一文中指出《史记》兼具经、史、子、集四部之性质，吕世浩认为“其说最为允当”，本书亦深以为然。吕说可参其著《从〈史记〉到〈汉书〉——转折过程与历史意义》（台大出版中心，2009）。

第二节
《史记》心灵史的三个面向

《读史记》

（清·张裕钊《濂亭遗诗》卷一）

马迁死去二千载，一史孤留天地间。
万古高文探月窟，几人真面识庐山。
茂陵松柏余忧愤，湘水荃荪共泪斑。
旷代名山合专席，遗尘可许布扬班。

一、浩然雄深的心灵史

司马迁横越子史，寄心楮墨，以自黄帝至汉武的数千年时空为经，以上自帝王将相下至市井草莽的历史人物为纬，“网罗天下放失旧闻，考之行事，稽其成败兴坏之理”，在这个意义上，它是一部厚重沉实的社会演进史；另一方面，《史记》又承续并弘扬了先秦史官文化由宗教而人文的思想传统，“厥协六经异传，整齐百家杂语”而“究天人之际，通古今之变”，就此而言，它是一部闳深奥衍的思想文化史。然而，《史记》的面向绝不止于此。

宋初著名诗僧“孤山法师”释智圆《读史》曰：“我爱包胥哭，一哭救楚国。事君尽其忠，垂名千世则。我爱鲁连笑，一笑却秦军。折冲罇俎间，流芳至今闻。我爱伯夷仁，揖让持其身。饿死首阳下，耻事干戈君。后世窥窃辈，故非姬发伦。内藏篡弑谋，外蹑武王尘。伯夷若不去，名教胡以伸。后人非三贤，细碎何足云。哭欢禄位卑，笑喜膏粱珍。山林亦寒饿，行怪非求仁。留心寡兼济，所谋惟一身。抚书想三贤，清风千古振。”[1] 申包胥的“哭”、鲁仲连的“笑”和伯夷的“仁”，何以深得释智圆的“爱”？明人茅坤的一番话可以为其注脚。他说：

> 今人读《游侠传》，即欲轻生；读《屈原贾谊传》，即欲流涕；读《庄周》《鲁仲连传》，即欲遗世；读《李广传》，即欲立斗；读《石建传》，即欲俯躬；读《信陵》《平原君传》，即欲养士。若此者何哉？盖各得其物之情而肆于心故也，而固非区区字句之激射者也。[2]

这就是说，司马迁不拘史法，写事摹人，并非简单描头画角或者强行文字，而能发于情且肆于心，所以感动当下之读者，与古人同悲欢。伟大的文学作品为什么在千百年后仍能动人心弦？是因为作家以深邃而犀利的眼光透视自然和历史，描绘出生命与社会发展的璀璨画卷；是因为作家以斑斓而沉实的笔触抒写人生和现实，塑造出典型鲜活的艺术形象；更是因为作家以丰富而敏锐的情思运行文句，激荡出自己的苦乐悲欢和时代的精神花火。就是说，优秀的文学作品不仅指向了社会生活和人生实践，它更表现着艺术形象的心灵脉动和创作者的内在情韵。正是在这个意义上，19世纪丹麦的文学史家勃兰兑斯指出：“文学史，就其最深刻的意义来说，是一种心理学，研究人的灵魂，是灵魂的历史。”[3] 可永雪先生指出，《史记》纪传部分，写到“某某‘为人’如何如何”的地方特别多，全书用到“为人”一词的共有48篇89例，没有明文使用“为人”字眼，但实指“为

---

1 ［宋］释智圆：《读史》，载《全宋诗》第三册卷一二九，北京大学出版社，1998，第1501页。
2 ［明］茅坤：《读史记法》，载《史记钞》前附，哈佛大学藏明泰昌元年乌程闵氏刊朱墨套印本，第6页。
3 ［丹麦］格奥尔格·勃兰兑斯：《十九世纪文学主流》（第一分册），人民文学出版社，1980，第2页。

人”者更多，司马迁借此走进历史人物的内心世界，祖陈其深潜微妙的心态。在同时代作者中，他对所写人物心灵的奥秘了解得更深更透，堪称心理大师。[1] 毫无疑问，司马迁在“通古今之变”的同时，也进入了传记主人公的心灵世界，试图对其个性特质作出更全面、更深刻的摹画。

需要注意的是，司马迁所写人物上自黄帝，下讫汉武，纵贯三千年，且包罗各界，帝王将相、士子胥吏、游侠刺客、市井细民等，无不烛照。如此纵横观之，司马迁的传事写情、立言写心，不仅是个体性或群体性的，更是民族性的。诚如李长之先生所言：“司马迁的历史已经能够探求到人类的心灵。所以他的历史，乃不唯超过了政治史，而且更超过了文化史，乃是一种精神史，心灵史了。”[2] 可以说，司马迁的《史记》以“纪传”为载体，以风骨迥异的历史的“人”为核心，以表彰人物功勋、张扬人物精神风貌、映现时代和族群的文化心理为旨归，构筑了一部浩然雄深的心灵史。

二、主客融摄的心灵史

引人注目的是，司马迁不仅为历史人物、中华民族写“心”，也为自己写“心”。李长之先生亦曾提醒读者说：“我们更必须注意《史记》在是一部历史书之外，又是一部文艺创作，从来的史书没有像它这样具有作者个人的色彩的。其中有他自己的生活经验、生活背景，有他自己的情感作用，有他自己的肺腑和心肠。所以这不但是一部包括古今上下的史书，而且是司马迁自己的一部绝好传记。因此，我们必须能把握《史记》中司马迁之主观的用意，才能理解这部书，才能欣赏这部书。”[3] 的确，较之《史记》，无论是在其前的《左传》还是在其后的《汉书》，“史”的

---

1 可永雪：《从关注“为人”到“心灵”大师——司马迁对人心人性的探究》，载《渭南师范学院学报》2005 年第 3 期，第 3—8 页。

2 李长之：《司马迁之人格与风格》，商务印书馆，2017，第 206 页。

3 同上书，第 223 页。

意味都甚浓，创作者的性情则较弱。司马迁在再现人物形象，展露人物灵魂的过程中，除了寓主于宾的深衷隐曲之外，还常常模糊了史家与传记主人公的界线，在他们身上倾注了不可抑遏的主体情愫。如：

> 余每读虞书，至于君臣相敕，维是几安，而股肱不良，万事堕坏，未尝不流涕也。(《乐书》)
>
> 余读世家言，至于宣公之太子以妇见诛，弟寿争死以相让，此与晋太子申生不敢明骊姬之过同，俱恶伤父之志。然卒死亡，何其悲也！(《卫康叔世家》)
>
> 余读孔氏书，想见其为人。适鲁，观仲尼庙堂车服礼器，诸生以时习礼其家，余祗回留之不能去云。(《孔子世家》)
>
> 余悲伯夷之意，睹轶诗可异焉。(《伯夷列传》)
>
> 余甚惑焉，傥所谓天道，是邪非邪？(《伯夷列传》)
>
> 余独悲韩子为《说难》而不能自脱耳！(《老子韩非列传》)
>
> 余读《离骚》《天问》《招魂》《哀郢》，悲其志。适长沙，观屈原所自沉渊，未尝不垂涕，想见其为人。及见贾生吊之，又怪屈原以彼其材，游诸侯，何国不容，而自令若是。读《鹏鸟赋》，同死生，轻去就，又爽然自失矣。(《屈原贾生列传》)
>
> 自秦以前，匹夫之侠，湮灭不见，余甚恨之。……余悲世俗不察其意，而猥以朱家、郭解等令与暴豪之徒同类而共笑之也。(《游侠列传》)

或为之怨，或为之怒，或为之恨，或为之哭，可谓笔墨与情思齐飞，良史共传主同悲。正因为如此，茅坤才说：“读太史公传记，如与其人从游而深交之者，此等处须痛自理会，方能识得真景。”[1]“从游而深交”指向知人论世，是理解《史记》蕴藉的司马迁的“肺腑和心肠”的前提；“须痛

---

1 ［明］茅坤：《读史记法》，载《史记钞》前附，哈佛大学藏明泰昌元年乌程闵氏刊朱墨套印本，第6页。

自理会”则谓推己及彼，暗示其主体心绪的悲愤特质。

史迁多“悲愤”，此说首倡于西晋葛洪，后世继踵者甚多。葛氏《西京杂记》卷四《司马良史》云：“司马迁发愤作《史记》百三十篇，先达称为良史之才。其以伯夷居列传之首，以为善而无报也；为《项羽本纪》，以踞高位者非关有德也。及其序屈原、贾谊，辞旨抑扬，悲而不伤，亦近代之伟才。”[1] 宋人吕祖谦《大事记解题》卷十二说：“迁之学虽未粹，感愤舛驳，往往有之。”[2] 黄震《黄氏日抄》卷四十七联系司马迁的个性和遭际认为：“迁以迈往不群之气，无辜受辱，激为文章，雄视千古，呜呼，亦壮矣！”[3] 明人李贽则从创作动机的角度论之更详：“夫所谓作者，谓其兴于有感而志不容已，或情有所激而词不可缓之谓也。……《史记》者，迁发愤之所为作也，其不为后世是非而作也，明矣。”[4] 清代李晚芳在《读史摘微》中指出，《史记》“立意措词，多有愤忿不平之过”，既“怼君”也“忿人”，而“诸传诸赞，半借以抒其愤忿不平之气”[5]。至于太史公悲愤之情的来源，自然与其自身遭际有关。《报任安书》述之详矣，此不再赘。就艺术表现而言，此情此心则多半承袭自屈子。清人刘熙载评论说：“太史公文，精神气血，无所不具。……第论其恻怛之情，抑扬之致，则得于《诗三百篇》及《离骚》居多。学《离骚》得其情者为太史公，得其辞者为司马长卿。”[6]

“悲愤”难纾，则见“讥刺”。东汉光武帝时代的卫宏暗示《史记》是司马迁怨恨武帝之作。《太史公自序》文末《集解》引卫氏《汉书旧仪注》曰：“司马迁作《景帝本纪》，极言其短及武帝过，武帝怒而削去之。

1　［晋］葛洪：《西京杂记》，中华书局，1985，第25—26页。

2　杨燕起等汇辑：《史记集评》，载张大可等主编《史记研究集成》第六卷，华文出版社，2005，第14页。

3　同上书，第15页。

4　同上书，第18—19页。

5　［清］李晚芳：《读史摘微》，载［清］李晚芳著、［日］陶所池内校订《读史管见》卷首，浪华书林、群玉堂翻刻安政三年京都如射书院本，1856，第11—13页。李晚芳其人及其对《史记》的总体看法详见本章末。

6　［清］刘熙载：《艺概》，上海古籍出版社，1978，第12页。

后坐举李陵，陵降匈奴，故下迁蚕室。有怨言，下狱死。”又，《文选》卷四十八引班固《典引·叙》所录汉明帝之诏云：“诏因曰：‘司马迁著书成一家之言，扬名后世，至以身陷刑之故，反微文讥刺，贬损当世，非谊士也。’”[1] 至东汉末年，王允明确指出：“昔汉武帝不杀司马迁，使作谤书，流于后世。”[2] 上述论调将身被腐刑视为司马迁创作《史记》的原动力，指斥司马迁因刑兴谤，贬损景武。此论古今以来驳议者甚多，信之者愈加寥寥[3]。《史记》内怀微言、讥刺当世是显而易见的，但这绝不是太史公私心怨恨于蚕室之耻所致，而是源自秉笔直书的良史德识。武帝怒削《史记》、王允坚称“谤书”，恰恰是因为司马迁不唯上、只唯实的笔致刺痛了统治者唯我独尊的隐切和回护者为尊者讳的迂执。

人的心理意识不是平静的乡间池塘，亦非牧歌式的林中湖泊，而似深幽诡谲的海洋。太史公潜于《史记》中的主体心绪绝非仅“悲愤”和“讥刺”两种，而应更复杂、更微妙。本书将在后文对此予以尽可能的揭示。总之，司马迁驰骋千载，贯穿百家，直笔美恶，为人写心；忍耻抱怨，高辞振幽，愤悱自释，为己写心。因是之故，作为心灵史的《史记》不但涵括了客体层面上的历史个体、社会类群和民族文化的精神面貌，而且蕴藉着主体层面上的作者心绪，即“太史公之心”，二者相互渗透而熔铸为《史记》的心灵世界。

三、逻辑判然的心灵史

基于认识论的角度，我们可以将《史记》的心灵世界分为主体和客体两个层面，二者之间的贯通多系之于情感渗透，微旨深婉、顿挫幽远，而读者亦须于笔墨之外用心玩味方可有得。清人王又朴在《〈史记〉七篇

---

1 ［南朝梁］萧统编、［唐］李善注：《文选》，上海古籍出版社，1986，第2158页。

2 ［南朝宋］范晔撰、［唐］李贤等注：《后汉书》，中华书局，1965，第2006页。

3 张振珮、张新民：《“〈史记〉谤书说”驳议》，载《贵州社会科学》1981年第5期，第77—83页。

读法·〈项羽本纪〉读法题词》中指出：“史公盖多恢宏谲诡之词，不肯显言正论，又时以他事闲文自掩其笔墨之迹，且文辞浩瀚，读之者目眩神骇，往往一篇不能尽，故能得其旨者绝少。史公亦尝曰：非好学深思，心知其意，固难为浅见寡闻者道也。”[1] 的确，“好学深思，心知其意”是读书，尤其是研读《史记》，探寻其浩然“文心”的不二法门。如果单论《史记》客体层面上的历史个体、社会类群和中华民族的心灵世界，特别是后两者，则不惟抒写对象彰彰可察，且其心理图谱的历史、文化、现实象限亦昭昭在目。有学者指出，“《史记》着力表现的正是社会各阶层人物的群体活动，这些活动的彼此联系和相互影响，正好形成以时间和空间相结合而体现出社会历史的‘理’（规律）性的发展。”[2] 所谓“社会历史的‘理’（规律）性”，即历史的嬗迁规律与共相，也就是“变中之不变”，这其中当然也包括个体、类群和民族的心理规律。

那么，《史记》主要揭示了哪些类群人物的内心世界呢？《太史公自序》中有四段话值得注意：

> 太史公执迁手而泣曰：“余先周室之太史也。……今汉兴，海内一统，明主贤君忠臣死义之士，余为太史而弗论载，废天下之史文，余甚惧焉，汝其念哉！”迁俯首流涕曰：“小子不敏，请悉论先人所次旧闻，弗敢阙。”
>
> 太史公曰：“唯唯，否否，不然。……主上明圣而德不布闻，有司之过也。且余尝掌其官，废明圣盛德不载，灭功臣世家贤大夫之业不述，堕先人所言，罪莫大焉。”
>
> 国有贤相良将，民之师表也。维见汉兴以来将相名臣年表，贤者记其治，不贤者彰其事。作《汉兴以来将相名臣年表》第十。

1　［清］王又朴编选、凌朝栋整理：《〈史记〉七篇读法》，商务印书馆，2013，第3页。

2　杨燕起：《〈史记〉所表现的社会结构及人的主体性思想》，载《司马迁与史记论集》（第三辑），陕西人民出版社，1996，第81页。

> 网罗天下放失旧闻，王迹所兴，原始察终，见盛观衰，论考之行事，略推三代，录秦汉，上记轩辕，下至于兹，著十二本纪……二十八宿环北辰，三十辐共一毂，运行无穷，辅拂股肱之臣配焉，忠信行道，以奉主上，作三十世家。扶义俶傥，不令己失时，立功名于天下，作七十列传。

又，《报任少卿书》言：

> 古者富贵而名摩灭，不可胜记，唯倜傥非常之人称焉。[1]

由上可见，司马迁承续先父遗志，创制《史记》，本意是记录以下人物："明主贤君"；"忠臣""功臣世家贤大夫""辅拂股肱之臣"；"死义之士""扶义俶傥，不令己失时，立功名于天下"之人。然而，正如色有黑必有白一样，人亦有良莠善恶之分，而历史正是在善与恶、美与丑、正与邪等的斗争中前行的。作为历史学家的司马迁很清楚这一点，也无法在其作品中回避这一点。的确，《史记》所录，既有明主贤君，也有骄主庸上；既有辅国忠良，也有弄权公卿；既有骨鲠贤士，也有奸猾佞臣；既有谨厚循吏，也有苛暴酷吏，如此等等，彼此对照，互映其心。因此，统而言之，《史记》主要描画了以下几种社会类群的内心世界：其一，帝王类群，包括"明君"和"骄主"两个次类群，主要指上古黄帝、颛顼、帝喾、尧、舜五帝与秦始皇及汉代高祖、孝文、孝景、孝武四帝；其二，辅弼之臣类群，包括各代武将、丞相及一般官吏三个次类群[2]；其三，持义趋时、立功扬名者类群，包括以孔子为代表的思想者、刺客、游侠、滑稽等次类群。

民族文化心理是一个民族在其生存和发展过程中，在漫长的实践中慢

---

1 ［汉］司马迁：《报任少卿书》，载［梁］萧统编、［唐］李善注《文选》卷四十一，上海古籍出版社，1986，第1864页。

2 严格来说，"将"与"相"也具有"吏"的特征，但司马迁在《史记》中是把他们置于不同层面来描写的，因此本书亦将其分开讨论。

慢形成的潜在的心智倾向，包括价值取向、情感态度、道德准则等等。它的形成有赖于民族全体成员的气质倾向和心理积淀，也就是说，民族文化心理是民族个体和群体心理的概括和抽象。司马迁以独创性的本纪、世家、列传三体来传叙上自帝王将相下至游侠医卜等社会各阶层人物，在以群体为背景凸显个体的同时又以个体为典型映射群体，历史地透视出不同社会类群人物的行为趋向、心理特征及其变化轨迹，并且借此在更普遍的层次上映现抽象出了华夏民族文化心理。这也是《史记》心灵世界的最高层次。至于《史记》所展现的民族文化心理，主要有维护大一统、自强日新、崇德尚义、反暴尚和、爱国保民等。如前所言，此种心理的揭示主要仰赖于个体和群体的历史抽象，具有清晰的时间线和客体表征。司马迁或作继承性描绘，丰富其意涵，比如大一统、自强不息等，或作开创性揭橥，在凝聚历史的同时融入当下思考而赋予其新的意涵，比如爱国保民等，从而建构了中华民族的早期心灵史。

就历史个体、社会类群和中华民族三种心理的内在联系而言，社会类群心理其实是历史个体的共性集合，主要显影于其语言、行为、情绪等外在形态；而民族心理则是历史个体和社会类群的历时抽象，主要造就于类群心相的超时空积淀，这既是一个主体选择、接受的过程，更是一个历史选汰、凝积的过程。司马迁以通古今之变的哲思，提炼特定群体的心理共相，勾画数千年时空迁延中的民族之魂，其逻辑起点是省察历史个体的浮沉悲喜。所以，在读者层面，把握个体人物的心理就可以顺流而观，凭河窥海。

事实上，在漫长的《史记》接受史上，早有读者和学者在其“史例开三代，词华重六经”的史、文价值之外，认知到其心灵书写的价值。这其中，尤以清代康乾年间“菉猗女史”李晚芳[1]所著的《读史管见》最

1　李晚芳，顺德人，生于康熙三十年（1691），卒于乾隆三十二年（1767）。现存著述有《读史管见》三卷、《女学言行纂》三卷，前者初刻于乾隆五十二年（1787）。详参刘正刚整理《李菉猗女史全书·李晚芳简历》，齐鲁书社，2014，第394页。

为特别。李晚芳基于特定历史文化背景，在《读书摘微》一文中指责司马迁“立心褊蔽，未闻圣人之大道”，“挟一不平之意据于中，虽未必借立言为泄发，而灵台未净，则系累偏僻之私，往往吐露于字里行间而不自检，故其书肆而不纯，谐而多怨”；又批评《报任安书》“怼君者十之六七，忿朝臣朋友者十之二三，全无一言反己内咎。所谓自是而不知其过者，非欤？其褊蔽也甚矣”；更指斥太史公“操是心而修国史，大本已失，故《平准》《封禅》尽属谤书。……如是而欲上继知我罪我之心法，愚未敢轻信也”。[1] 不过，上述论断或许并非李晚芳的初心。《读史摘微》写于康熙庚寅桂月上浣，即康熙四十九年（1710）八月上旬，李晚芳时年19周岁；次年嫁于梁永登。《读史管见·自序》早于《读史摘微》写就，时在康熙丁亥阳月朔日，即康熙四十六年（1707）十月初一，且序文显示该书当时已完结，李晚芳时年16周岁。[2] 前后三年之间，从二八少女到成年女子，认知趋于保守正统，并非不可理解。通观《读史管见》一书，可见李晚芳对司马迁和《史记》实际上是推崇备至。《三代世表序·总评》：“寥寥短幅不过百三十余字，亦具如此章法。如是结构、立论措辞，不离孔子家法，宜《史记》继《麟经》，而千古不磨也！”[3] 褒美之意，溢于言表，与成年后的峻辞正色颇异其趣。无论如何，《读史管见》是李晚芳出自心性、衡诸心意之作，虽有迂执回护之弊，如不愿承认太史公对刘邦、汉武帝有批评之意，但总体而言，该书长于揣摩《史记》人物及司马迁的内心世界，洞烛幽微，识见特出，致有“展卷而惊，望为河汉”[4] 之叹。降及于今，时贤先进对《史记》人物和太史公心理的

1 ［清］李晚芳：《读史摘微》，载［清］李晚芳著、［日］陶所池内校订《读史管见》卷首，浪华书林、群玉堂翻刻安政三年京都如射书院本，1856，第11—13页。

2 衣若兰《才女史评越扶桑——和刻本李晚芳〈读史管见〉的出版与流传》（《台大历史学报》2015年第55期，第173—217页）一文，将李晚芳《读史摘微》《读史管见·自序》的写作时间分别系之于18周岁、15周岁，原因是误将其出生的康熙三十年换算为公历1692年，而非1691年。

3 ［清］李晚芳著、［日］陶所池内校订：《读史管见》卷一，浪华书林、群玉堂翻刻安政三年京都如射书院本，1856，第37页。

4 此为李晚芳之侄梁景璋于《读史管见·序》中所称。同上书，第7页。

探赜索微，更是屡见新篇，颇具启迪。如，李长之先生的著作《司马迁之人格与风格》。长之先生以捭阖中西的理论视界驱使郁烈流芳的诗性文笔，将司马迁的时代看作“驰骋，冲决，豪气，追求无限，苦闷，深情”的时代，太史公是“那一个浪漫世纪的最伟大的雕像”和“浪漫的自然主义的大诗人”，《史记》则是中国“无比的史诗性的纪程碑”。[1] 如此情调高扬而激荡人心的歌颂奠定了氏著在《史记》心灵书写抉发史上独一无二的地位。

因此，基于《史记》心灵世界的构成逻辑和历史认知等原因，本书不拟以《史记》个体人物心理的玩索为鹄的，而以其为基石，管窥斯书的民族文化心理和社会类群人物心理，并及太史公之心。

1　李长之：《司马迁之人格与风格》，商务印书馆，2017，第 24、332、228、308 页。

第二章

《史记》中的「中华民族之心」

第一节
从“天下为一”到“四海一家”：沛然莫可御的“大一统”之心

《五帝本纪第一·黄帝轩辕氏》

（清·蒋楷《天涯诗钞》）

千古龙髯浩荡中，鼎湖语见泣遗弓。
遥遥三代同华胄，一体推尊大祭同。

一、秦汉时期的“大一统”思想

“大一统”作为一种政治观和历史观，是自春秋以来思想家们就着力阐发的一种思想。它首先表现为政治和思想上的统一。春秋时期，古典儒家倡言天下为公的“大同”，若“大同”不能实现，则退而求小康。而无论是大同还是小康，其最显著的标志就是有一个统一安定的社会秩序，天下有道，政自天子出。《论语·季氏》记孔子之言曰：“天下有道，则礼乐征伐自天子出；天下无道，则礼乐征伐自诸侯出。自诸侯出，盖十世希不失矣；自大夫出，五世希不失矣；陪臣执国命，三世希不失矣。天下有道，则政不在大夫。天下有道，则庶人不议。”[1] 这无疑表明他是渴望王者一统、天下一统的。墨子也有“一同天下”的横议。《墨子·尚同》曰：

---

1 ［清］刘宝楠：《论语正义》，中华书局，1990，第 651—654 页。

> 方今之时，复古之民始生未有正长之时，盖其语曰“天下之人异义”。是以一人一义，十人十义，百人百义，其人数兹众，其所谓义者亦兹众。是以人是其义，而非人之义，故相交非也。内之父子兄弟作怨雠，皆有离散之心，不能相和合。至乎舍余力不以相劳，隐匿良道不以相教，腐朽余财不以相分，天下之乱也，至如禽兽然，无君臣上下长幼之节、父子兄弟之礼，是以天下乱焉。
>
> 明乎民之无正长以一同天下之义，而天下乱也，是故选择天下贤良圣知辩慧之人，立以为天子，使从事乎一同天下之义。[1]

“一同天下”则君臣之义立，长幼之节定，兄弟之礼定，则和合不乱。墨子的“同”虽然有专制之意，但安定天下、统一秩序的内涵却通于孔子。同样的，孟子见梁襄王，对其“天下恶乎定”之问的回答是：“定于一”；对其“孰能一之”之问的回答是：“不嗜杀人者能一之”。[2] 可见，墨子、孟子不仅都主张统一，而且提出了明确的统一方法。只有统一，社会才能安定；只有安定，人民才能幸福。这一朴素认知是春秋战国时期民众面对长期乱世的普遍期待。孟子说：“今夫天下之人牧，未有不嗜杀人者也，如有不嗜杀人者，则天下之民皆引领而望之矣。诚如是也，民归之，由水之就下，沛然谁能御之?”[3] 天下统一犹如水往下流，是民心所向，是自然的真理。荀子也有类似比喻。《荀子·议兵》曰：“有能化善、修身、正行、积礼义、尊道德，百姓莫不贵敬，莫不亲誉。……故民归之如流水，所存者神，所为者化而顺，暴悍勇力之属为之化而愿，旁辟曲私之属为之化而公，矜纠收缭之属为之化而调，夫是之谓大化至一”；若以“人师”之心、“王者之法”统御天下，则“近者歌讴而乐之，远者竭蹶而趋之，无幽闲辟陋之国，莫不趋使而安乐之，四海之内若一家，通达之属莫

1 ［清］孙诒让撰、孙启治点校：《墨子间诂》，中华书局，2001，第 78 页。
2 ［宋］朱熹：《四书章句集注·孟子集注》，中华书局，1983，第 206 页。
3 同上书，第 207 页。

不从服”。[1] 总之，先秦诸子，尤其是儒家先师们均就普遍人性和现实逻辑立论，指出“天下为一”是理想社会的基础，而“四海一家”则是其归途。为此，他们都曾周游列国、面干数主，以经世主义行动践证己说，为后人树立圣哲丰碑的同时，也奠定了中华民族“大一统”思想的理论基础。

降及西汉，春秋公羊学派从《春秋》“王正月”明确推论出了“大一统”之义。《春秋·隐公元年》云：“元年，春，王正月。”《公羊传》释之曰：

> 元年者何？君之始年也。春者何？岁之始也，王者孰谓？谓文王也。曷为先言王而后言正月？王正月也。何言乎王正月？大一统也。[2]

《公羊传》的作者认为，“王正月”之“王”，是指周文王，将“正月”系于“王”之后，是为了表明采用的是周文王历法的正月，即周正，采用周正，自然就包含着对周文王及周代天子的尊崇；而诸侯用周正，尊周天子，当然是一种拥护天下一统的举动。从这里也可看出，“大一统”之“大”当为动词，意谓“张大，推崇”，故“大一统”意即“推崇一统”。《公羊传》一开篇就如此推衍《春秋》“大一统”之义，可知其作者是视“大一统”为《春秋》及自己的一种思想主张的。值得说明的是，《公羊传》口传已久，至汉景帝时期才著于竹帛，由此亦可知“大一统”是一种由来已久的较普遍的文化心理。

汉武帝时，大儒董仲舒承续并发挥《公羊传》的这一思想，他在《三代改制质文》中说：

---

1 ［清］王先谦撰，沈啸寰、王星贤点校：《荀子集解》，中华书局，1988，第 286—287、279 页。按：“近者歌讴而乐之”云云又见于《儒效》《王制》等篇，然文辞稍异。

2 ［汉］何休解诂、［唐］徐彦疏：《春秋公羊传注疏》，《十三经注疏》本，中华书局，1980，第 2196 页。

《春秋》曰："王正月。"《传》曰："王者孰谓？谓文王也。曷为先言王而后言正月？王正月也。"何以谓之王正月？曰：王者必受命而后王。王者必改正朔，易服色，制礼乐，一统于天下，所以明易性，非继仁，通以己受之于天也。王者受命而王，制此月以应变，故作科以奉天地，故谓之王正月也。[1]

可以看出，董氏也是着意"大一统"的，只是他的"一统"不是一统于周天子，而是一统于后王（新王）。同时，他认为新王须改正朔，易服色，以报答天命，这就使得其一统思想又有王一统于天的蕴意。事实上，董氏的"大一统"思想至此还未止步。他认为《春秋》开篇之"元年"亦有深意。《王道》曰："《春秋》何贵乎元而言之？元者，始也，言本正也。"[2] 也就是说，"元"乃一种先于天地、万物的本体，是天地万物之"始"。这样，董仲舒就勾画了他心中的"大一统"逻辑链：天下一统于（新）王，王一统于天，天则一统于元。杨向奎先生指出，董仲舒"所谓大一统亦天人合一之大一统"；"万物归于一统，是真正的大一统"。[3]

二、《史记》中各阶层人物的"大一统"之心

"大一统"作为一种思想学说，尽管在西汉才得到较详细的解说和阐发，但作为一种文化心理，它由来已久。《史记》在其历史叙述和人物传记上表现了这一点。作为《史记》的总纲，十二本纪记载的是五帝和夏、商、周、秦、汉各代的王者之迹，这实际上是中华民族的一部政权嬗递史和帝王兴衰史，绘出了中华民族所多次经历的由统一到分裂，又由分裂到再统一的历史运行轨迹。在这一过程中，各代帝王天子的革故鼎新之举虽

1　［汉］董仲舒：《春秋繁露》，《二十二子》本，上海古籍出版社，1986，第782页。

2　同上书，第775页。

3　杨向奎：《大一统与儒家思想》，北京出版社，2016，第74页。按：关于先秦儒家及董仲舒、司马迁与何休等人的"大一统"思想，可参看该著。

然不乏个人野心和阶级利益，但他们为新政权而坚持到底的决心却也昭示了天下一统的文化心理的普遍存在。商纣王昏乱暴虐，荒淫无度，弄得众叛亲离，天下如一盘散沙。武王于是集四方诸侯伐纣。战前他告诫将士们说：“故今予发维共行天罚。勉哉夫子，不可再，不可三”“尔所不勉，其于尔身有戮”，表露了他决意灭纣，重新一统天下的迫切心理。秦始皇以数十代先公先王惨淡经营积淀之国力，消灭六国，一统天下后，发布诏令称：“朕为始皇帝，后世以计数，二世三世至于万世，传之无穷。”此语狂则狂矣，然希冀永远一匡中国之心亦甚明显。楚汉战争中，项羽在“兵疲食绝”的情况下，接受刘邦的建议，与他盟约“中分天下，割鸿沟以西者为汉，鸿沟以东者为楚”。盟誓后，项羽“引兵解而东归”，但张良、陈平却劝刘邦说“汉有天下太半，而诸侯皆附之。楚兵罢食尽，此天亡楚之时也，不如因其机而遂取之”，刘邦即“听之”。一面主动提议分而治之，一面却又迫不及待地乘胜追击，可见，在刘邦的心里，他并不是真想与项羽共分天下，而是灭楚兴汉，一统天下。

历代的“辅拂股肱之臣”对大一统也多是认同推崇的，这主要表现在他们辅佐帝王统一天下、预见危机、削平叛乱等实际行动上。据《周本纪》及《鲁周公世家》记载，武王逝后，“成王少，周初定天下，周公恐诸侯畔周，公乃摄行政当国”，并且先后平定武庚、管叔、蔡叔等人的叛乱；七年后，“成王长，周公反政成王，北面就群臣之位”。由此可见，周公摄政并不想篡位，而是“恐”天下一统的局面被破坏，使刚刚稳定的政局重陷混乱。又，《李斯列传》载，李斯入秦前，对他的老师荀卿说：“今秦王欲吞天下，称帝而治，此布衣驰骛之时而游说者之秋也。”至秦，他劝秦王嬴政说：“自秦孝公以来，周室卑微，诸侯相兼，关东为六国，秦之乘胜役诸侯，盖六世矣。今诸侯服秦，譬若郡县。夫以秦之强，大王之贤，由灶上骚除，足以灭诸侯，成帝业，为天下一统，此万世之一时也。”秦王听后，“乃拜斯为长史，听其计”。可见，嬴政、李斯二人尽管心怀不同的个人目的，但在侵灭六国、一统天下这一点上却有着共同的认知，所以才能一拍即合。汉初的刘敬出身戍卒，但心系天下。他先后说服刘邦定都关中、和亲匈奴、徙六国宗族于关中。事实证明，他的这些谋略对汉代的政治稳定和经济发展有着极为重要的影响。司马迁在《刘敬叔孙通列传》中总结刘敬的行为说："脱輓辂一说，建万世之安。"所谓"建万世之安"不正反映了刘敬渴望天下一统、国祚绵长的心理吗？景帝时，吴王濞等诸侯凭借强大的经济实力，招兵买马，乱心日明。御史大夫晁错"患诸侯强大不可制，故请削地以尊京师"。他因此付出了生命的代价，其心可鉴。武帝时，中大夫主父偃有鉴于"今诸侯或连城数十，地方千里，缓则骄奢易为淫乱，急则阻其强而合纵以逆京师"的"干弱枝强"的局面，又有鉴于晁错"以法割削"引起诸侯激变的教训，上书武帝，请求施行"推恩分封"之策："愿陛下令诸侯得推恩分子弟，以地侯之。彼人人喜得所愿，上以德施，实分其国，不削而稍弱矣"，武帝听其计。这一"强本干，弱枝叶"计策的提出，表明了主父偃反对分裂、期望国势安宁的心理。《太史公自序》对各代辅弼之臣维护天下一统的心理屡有暗示：

依之违之，周公绥之；愤发文德，天下和之；辅翼成王，诸侯宗周。……作《周公世家》第三。

武王克纣，天下未协而崩。成王既幼，管蔡疑之，淮夷叛之，于是召公率德，安集王室，以宁东土。……作《燕世家》第四。

楚人围我荥阳，相守三年；萧何填抚山西，推计踵兵，给粮食不绝，使百姓爱汉，不乐为楚。作《萧相国世家》第二十三。

六奇既用，诸侯宾从于汉；吕氏之事，平为本谋，终安宗庙，定社稷。作《陈丞相世家》第二十六。

诸吕为从，谋弱京师，而勃反经合于权；吴楚之兵，亚夫驻于昌邑，以厄齐赵，而出委以梁。作《绛侯世家》第二十七。

统一并非高居庙堂者的专属追求，士林下层对天下一统亦怀抱渴望。春秋战国时期，诸侯割据，烽烟四起。于是，“结束动乱分裂、重新实现民族一统局面，是春秋战国几百年期间的时代共同主题，它构成动乱社会表象之下一股强大的向心力，正是这股向心力在制约着历史前进的方向”。[1] 在这样的历史情境下，作为思想家的诸子显示出了比其他类群都要蓬勃的智慧和热情，他们从不同的层面提出了重建天下一统局面的理论方略。《太史公自序》引其父亲司马谈的《论六家要指》云：“《易大传》：‘天下一致而百虑，同归而殊途。’夫阴阳、儒、墨、名、法、道德，此务为治者也，直所从言之异路，有省不省耳。”这就是说六家都致力于平治天下，只是原则主张不同罢了；而且，他们都以“当今之世，如欲平治天下，舍我其谁”的历史承担精神，执着地相信：只要自己的学说得以施行，便可以使天下重归一统，并达到大治。孔子与孟子奔走一生，面干数主，推行其说，虽终不见用，但他们致力于拨乱反正、天下一统的心理却是毋庸置疑的。商鞅以铁血手段狂飙突进地推行平治天下的“霸道”，虽然刻薄少恩，用法深峻，但以一统天下为最终目标的心理亦昭昭。

处于社会最底层的劳动大众对动乱带来的苦难感受最深，因而对天下一统的渴望也最强烈。《史记·周本纪》记载：

> 帝纣闻武王来，亦发兵七十万人距武王。武王使师尚父与百夫致师，以大卒驰帝纣师。纣师虽众，皆无战之心，心欲武王亟入。纣师皆倒兵以战，以开武王。武王驰之，纣兵皆崩畔纣。纣走，反入登于鹿台之上，蒙衣其殊玉，自燔于火而死。武王持大白旗以麾诸侯，诸侯毕拜武王，武王乃揖诸侯，诸侯毕从。武王至商国，商国百姓咸待于郊。

牧野之战，纣王听说周武王率军而伐，遂发兵七十余万迎战，但他没

1 陈桐生：《〈史记〉与民族文化精神》，载《司马迁与史记论集》（第三辑），陕西人民出版社，1996，第313页。

有想到的是，无论是他的军队，还是民众对其暴虐所致的天下动乱早已厌倦，根本无战之心，主动倒戈。纣王遂不战而溃，被迫自杀。所谓“皆无战之心，心欲武王亟入。……皆倒兵以战，以开武王”“商国百姓咸待于郊”，不正是反对动乱分裂、渴望天下一统的心理的集中写照吗？类似的情况还出现在秦末楚汉战争之时。《高祖本纪》记载了刘邦、项羽先后进入咸阳后的行为及百姓的反应。

> 召诸县父老豪桀曰：“父老苦秦苛法久矣，诽谤者族，偶语者弃市。吾与诸侯约，先入关者王之，吾当王关中。与父老约，法三章耳：杀人者死，伤人及盗抵罪。余悉除去秦法。诸吏人皆案堵如故。凡吾所以来，为父老除害，非有所侵暴，无恐！且吾所以还军霸上，待诸侯至而定约束耳。”乃使人与秦吏行县乡邑，告谕之。秦人大喜，争持牛羊酒食献飨军士。沛公又让不受，曰：“仓粟多，非乏，不欲费人。”人又益喜，唯恐沛公不为秦王。
>
> 项羽遂西，屠烧咸阳秦宫室，所过无不残破。秦人大失望，然恐，不敢不服耳。

刘邦入关后，删改秦朝苛法，与民约法三章[1]，抚慰百姓，让他们看到了结束动乱、归于安宁的希望；但项羽沐猴而冠，倒行逆施，全不以天下为务。太史公以互见法写出了民众从“大喜”到“大失望”的态度，对比强烈，十分明显地表露了他们反对暴政、渴望天下一统的心理。

综上可见，尽管“大一统”的概念和理论内涵在汉代才得到比较充分的揭示，但中华民族的天下一统的心理却自黄帝以来就已存于各阶层人物的心中了。《史记》对这一民族文化心理进行了较全面的展示。

---

1 据辛德勇《史记新本校勘》的考证，“约法”意为“减省法律条文”；“约法三章”意为“省约秦朝苛法而仅存三章”。（广西师范大学出版社，2017，第 122 页）

三、太史公的“大一统”之心

事实上，司马迁对天下一统也是怀抱热望且衷心赞扬的。他以黄帝为中华民族的共同祖先，并将其作为历史上第一个结束混乱完成天下一统大业的帝王来塑写就再明白不过地表现了这一点。

《五帝本纪》开篇写道：“轩辕之时，神农氏世衰。诸侯相侵伐，暴虐百姓，而神农氏弗能征。于是轩辕乃习用干戈，以征不享，诸侯咸来宾从。”这就是说，中华民族天下一统的局面是自黄帝开始的。司马迁接着指出，为中华民族的缔造发展作出过卓绝贡献的五帝在血缘上是一脉相承的：黄帝是祖宗，颛顼是其孙，帝喾为曾孙，尧是四世孙，舜为七世孙。非特如此，《史记》还将殷、周、秦等统一王朝的创始者也都归于黄帝一脉。殷之始祖契的母亲简狄是帝喾次妃，周祖后稷之母姜原则是帝喾元妃，秦的先祖乃是“帝颛顼之苗裔”。春秋战国诸侯，吴的始祖太伯是周太王之子；“越王勾践，其先禹之苗裔，而夏后帝少康之庶子也”；“魏之先，毕公高之后也。毕公高与周同姓”；“韩之先与周同姓，姓姬氏”；“楚之先祖出自帝颛顼高阳”。甚至匈奴等少数民族也是黄帝的后代：“匈奴，其先祖夏后氏之苗裔也，曰淳维。”这就是说，不但“《史记》所载三代天子，列国世家，忠臣义士，追祖溯源，皆归本于黄帝”[1]，而且华夏各民族的共同祖先也是黄帝。司马迁如此编列中华民族谱系，其意图很明显，那就是中华民族同根同源，各朝各代虽名号不同，但事实上都有割不断的血缘脐带相连，而天下一统是近乎“宿命”的民族意识。当然，从后观之，《史记》“归本于黄帝”的写法奠定了中华民族皆为“炎黄子孙”的普遍认知，使得“大一统”的思想成为中国人民的集体无意识，这是司马迁对中华民族心灵史最敻绝，也是最伟大的塑写。

---

1 张大可：《史记论赞辑释》，陕西人民出版社，1986，第 48 页。

对中华民族的每一次统一，司马迁都热烈欢呼。《秦楚之际月表序》曰：“秦起襄公，章于文、缪、献、孝之后，稍以蚕食六国，百有余载，至始皇乃能并冠带之伦”，秦之统一是“世异变，成功大”的伟业。对于汉之统一，他更是充满深情地予以讴歌：“维我汉继五帝末流，接三代绝业”“汉兴，海内为一，开关梁，弛山泽之禁，是以富商大贾周流天下，交易之物莫不通，得其所欲”。对那些为维护统一而奋斗的先驱者，太史公更是毫不吝啬地予以赞颂。他将陈涉列入世家作传，就是为了表彰他对于汉代一统的首倡之功：“桀、纣失其道而汤、武作，周失其道而《春秋》作。秦失其政，而陈涉发迹，诸侯作难，风起云蒸，卒亡秦族。天下之端，自涉发难。”将陈涉起义与汤武革命、孔子作《春秋》相提并论，完全是因为他是中华民族又一次走向统一的先驱者。对于能拥戴中央，利于国家统一的诸侯大臣，太史公更是予以特别嘉许：

嘉句践夷蛮能修其德，灭强吴以尊周室，作《越王句践世家》第十一。

嘉厉公纳惠王，作《郑世家》第十二。

嘉鞅讨周乱，作《赵世家》第十三。

嘉武佐晋文申霸道，作《魏世家》第十四。

嘉厥辅晋匡周天子之赋，作《韩世家》第十五。

嘉威、宣能拨浊世而独宗周，作《田敬仲完世家》第十六。

嘉游辅祖，作《楚元王世家》第二十。

维祖师旅，刘贾是与……天下未集，贾、泽以族，为汉藩辅。作《荆燕世家》第二十一。

嘉肥股肱，作《齐悼惠王世家》第二十二。

嘉参不伐功矜能，作《曹相国世家》第二十四。

七国叛逆，蕃屏京师，唯梁为扞……嘉其能距吴楚，作《梁孝王世家》第二十八。

一个“嘉”字，表明了司马迁的作史目的，也袒露自己对天下一统的执着。相反地，他对因诸侯争霸而造成的政治动荡、天下大乱的分裂局面，不止一次地表示了痛楚之心。《史记 · 十二诸侯年表》云：“及至厉王……乱自京师始，而共和行政焉。是后或力政，强乘弱，兴师不请天子。然挟王室之义，以讨伐为会盟主，政由五伯，诸侯恣行，淫侈不轨，贼臣篡子滋起矣。齐、晋、秦、楚其在成周微甚，封或百里或五十里。晋阻三河，齐负东海，楚介江淮，秦因雍州之固，四海迭兴，更为伯主，文武所褒大封，皆威而服焉。”

司马迁一方面推崇天下一统，另一方面又注意到一统天下的“德”“力”二途。《五帝本纪》有言曰：“自黄帝至舜、禹，皆同姓而异其国号，以章明德。”“明德”二字是司马迁对五帝三王以“德”统一天下的总体观感。在夏、殷、周各本纪中，他一再表达以“德”一统天下的可贵——“汤修德，诸侯皆归汤，汤遂率兵以伐夏桀”，并最终灭夏放桀；“西伯积善累德，诸侯皆向之”，从而得以灭纣，统一天下。与“德统”相对的是“力统”。《项羽本纪》论赞云：“然羽非有尺寸，乘势起陇亩之中，三年，遂将五诸侯灭秦，分裂天下，而封王侯，政由羽出，号为‘霸王’，位虽不终，近古以来未尝有也。及羽背关怀楚……自矜功伐，奋其私智而不师古，谓霸王之业，欲以力征经营天下，五年卒亡其国，身死东城，尚不觉寤而不自责，过矣。乃引‘天亡我，非用兵之罪也’，岂不谬哉！”司马迁在肯定项羽旷古未有的功业的同时，又对他“不师古”，即不修德而企图单凭武力平定天下的行为，进行了强烈批评。可见，司马迁是反对单纯的“力统”的。那么，他心目中的一统天下的最佳方式是什么呢？他在《五帝本纪》中说：“轩辕之时，神农氏世衰。诸侯相侵伐，暴虐百姓，而神农氏弗能征。……轩辕乃修德振兵，治五气，艺五种，抚万民，度四方……遂禽杀蚩尤。而诸侯咸尊轩辕为天子，代神农氏，是为黄帝。”在这段描述中，“神农氏弗能征”表明神农氏的力量已衰落，无力戡乱，因此轩辕才趁势而起，以“力”平定天下，但他是将“振兵”

与“修德”结合在一起的，且以“修德”为先，并不急于用兵。由此可见，在司马迁心中，理想的统一方式应该是“修德振兵”，即“德”“力”结合，以“德”为先，以“力”为辅。司马迁强调“德”“力”结合的统一方式，因为他意识到单纯的“德统”或“力统”都是异常艰难的。《秦楚之际月表》云：

> 昔虞、夏之兴，积善累功数十年，德洽百姓，摄行政事，考之于天，然后在位。汤、武之王，乃由契、后稷修仁行义十余世，不期而会孟津八百诸侯，犹以为未可，其后乃放弑。秦起襄公，章于文、缪、献、孝之后，稍以蚕食六国，百有余载，至始皇乃能并冠带之伦。以德若彼，用力如此，盖一统若斯之难也。

既然“以德若彼，用力如此”都那样艰难，而单纯的矜武任力又只会自取灭亡，那么，德、力并用且以德为先则无疑是一统天下的最理想手段了。这是司马迁通观三千年的中华历史，总结出的统一天下的规律。

第二节
从天行不息到君子乾乾：超然嗟穷处的自强日新之心

《读史五首·其二》

（唐·白居易《白居易集》卷二）

祸患如棼丝，其来无端绪。马迁下蚕室，嵇康就囹圄。
抱冤志气屈，忍耻形神沮。当彼戮辱时，奋飞无翅羽。
商山有黄绮，颍川有巢许。何不从之游，超然离网罟。
山林少羁鞅，世路多艰阻。寄谢伐檀人，慎勿嗟穷处。

自强不息、日新奋斗的文化精神是对中华民族群体人格状态的历史概括与心理写照，它是中国人民积极的生存态度和价值选择最集中的体现，也是传统文化中人的主体性高度自觉的表征。《周易》和《礼记》等典籍对此作出了经典性的表述："天行健，君子以自强不息"；"地势坤，君子以厚德载物"；"刚健而文明，应乎天而时行"；"苟日新，日日新，又日新"。它告诉人们，人应当效法刚健有力、运行无止的"天"和胸怀博大、宽容厚生的"地"，发挥自我能动性，自强不息，迈向新生。这里的"新"，表现于个体，就是主体心性的不断蜕变、正向成长，最终超越"旧我"，化生"新我"。可见，"自强"是"日新"的动能，而"日新"则是"自强"的鹄的。司马迁在《太史公自序》中说："昔西伯拘羑里，演《周易》；孔子厄陈、蔡，作《春秋》；屈原放逐，著《离骚》；左丘失明，厥有《国语》；孙子膑脚，而论兵法；不韦迁蜀，世传《吕览》；韩非囚秦，《说难》《孤愤》；《诗》三百篇，大抵贤圣发愤之所为作也。”[1]此论又见于《报任安书》(《报任少卿书》)。如果说这只是太史公对一些先正前修的自强不息、发愤图强精神所作的一次简要回顾与巡礼的话，那么，整部《史记》则是对中华民族这一文化心理的一种多层面、多角度的观照与展现。

一、自强日新的历时叙写

从主体看，无论是帝王将相，还是士子说客，他们身上都闪动着自强日新的因子。在中华民族的创始期，五帝就以其坚苦卓绝的实践和无私奉献的精神显示出了自强不息、刚健有为的族群特质。其时，自然条件极其恶劣，生产工具极其落后，生活水平极其低下，但是，以五帝为首的中华民族的缔造者们宵衣旰食，夙兴夜寐，“披山通道，未尝宁居”，“劳勤心力耳目”，“治五气，艺五种，抚万民，度四方”，创造出光辉灿烂的上古文明。最能体现自强不息特质的是大禹。据《夏本纪》记载，是时，“鸿水滔天，浩浩怀山襄陵，下民其忧”，大禹临危受命，“乃劳身焦思，居外十三年，过家门不敢入。薄衣食，致孝于鬼神。卑宫室，致费于沟淢。陆行乘车，水行乘船，泥行乘橇，山行乘檋。左准绳，右规矩，载四时，以开九州，通九道，陂九泽，度九山。令益予众庶稻，可种卑湿。命后稷予众庶难得之食。食少，调有余相给，以均诸侯”。经过十几年的栉风沐雨、僶俛从事，大禹终于制服了洪魔。司马

1 清人李笠《史记订补》卷八：“案《孔子世家》《儒林传叙》谓《春秋》作于获麟之岁，正文也。此以困厄著书之意，运事连类，多属谲辞，如左氏失明，不韦迁蜀，韩非囚秦，皆以意匠为之，非实录也。”(见吴忠匡《史记太史公自序注说会纂》，黑龙江人民出版社，1985，第84页)汤炳正先生《〈屈原列传〉新探》一文进一步发挥说：“如果以《史记》列传考之，则此段不仅跟屈原的事迹不相合，而且吕不韦之著《吕览》，乃在迁蜀之前，不在迁蜀之后；韩非之著《说难》《孤愤》，乃在囚秦之前，不在囚秦之后。然而决不能因此而说史迁对他们的事迹，也有两种不同的说法，因为先秦两汉对此并无异说。盖史迁因情之所激，奋笔直书，致与传记体的列传有所出入。”(《〈屈原列传〉新探》，载《文史》1962年第1辑，第33—43页。)

迁满怀深情地叙说着这一切，目的就在于表彰华夏民族先人们的筚路蓝缕之功和奋发图强、一往无前的精神，同时，他也要向人们表明刚健有为、自强不息是中华民族与生俱来的特质，自五帝以来它就已深深地烙在炎黄子孙的心底。

中华民族步入春秋战国时代后，王室式微，诸侯并立，他们钩心斗角、互相侵伐，企图打败对手而称霸天下。他们的兼并战争给人民带来了深重灾难，但就其某些举动和心性而言，却有可称道者。据《晋世家》，晋公子重耳“亡居外十九年，至困约”而终得归国即位并成就霸业之举，昭示了其自强不息、积极有为的心理在统治阶层的承续。越王勾践亦是如此。《越王句践世家》载，被吴国击溃后，“吴既赦越，越王句践反国，乃苦身焦思，置胆于坐，坐卧即仰胆，饮食亦尝胆也，曰：‘女忘会稽之耻邪?’身自耕作，夫人自织，食不加肉，衣不重采，折节下贤人，厚遇宾客，振贫吊死，与百姓同其劳”。卧薪尝胆，踔厉奋发，终于在二十多年后一举灭吴而成为春秋后期的霸主之一。又，《赵世家》载，赵武灵王有感于赵之积弱，下令胡服骑射以加强国家的军事实力。他对保守派说：“法度制令各顺其宜，衣服器械各便其用。故礼也不必一道，而便国不必古。圣人之兴也不相袭而王，夏、殷之衰也不易礼而灭”；“循法之功，不足以高世；法古之学，不足以制今”，这表明他革故鼎新、自强有为的心理。无论在这些诸侯的心底有没有为天下苍生计的成分，有一点是毋庸置疑的：他们在成就霸业的过程中确实表现出了刚健有为、自强日新的心理。这应该是值得铭记和弘扬的。

另一方面，适应着蒿目时艰、纷乱不已而又机遇无限的时代环境，一个充满智慧、激情和实践精神的新兴类群——士人产生了。司马迁以史家的责任、哲人的敏锐和书者的豪迈，用七十列传的篇章记录下了这一阶层特出者的生平行事和他们在与时代的风云际会中所创造的不朽功业，从而深刻地展现出中华民族刚健笃实、自强不息的精神特质。

二、自强日新的共相勾画

思想家是一个民族的精神领袖和心灵导师，他们的精神气质是这个民族总体面貌和文化心理的最集中体现。《老子韩非列传》《仲尼弟子列传》《孟子荀卿列传》《商君列传》等篇章以老子、孔子、庄子、韩非子、孟子、荀子、商鞅等思想理论家为主体，展示了他们利口捷给、满腹珠玑的过人才智，突出了他们在探寻民族统一之途和为天下苍生计的过程中所表现出来的汹涌澎湃的激情、高度的责任感、笃行不倦的实践精神和对建功立业的无限渴望，从而展现了一颗颗锐意进取、自强日新的伟大心灵。孔子以恢复周道为己任，自公元前 496 年去鲁赴卫至公元前 484 年归鲁，前后在外十三年，先后经过卫、晋、宋、郑、陈、蔡、楚诸国，向国君们宣扬他的“王道”政治主张，其间经历的厄困、冷遇不知凡几，甚至有生命的威胁，然而他依然不倦地行道。面对长沮、桀溺等“辟世之士”的嘲弄与挑拨，孔子骄傲地回应说：“鸟兽不可与同群，天下有道，丘不与易也。”掷地有声的话语表露了他不屈于困顿、奋斗不息的决心。商鞅在秦推行新法时遭到了保守派的阻挠。面对所谓的“圣人不易民而教，知者不变法而治”“法古无过，循礼无邪”等教条主义论调，商鞅针锋相对，提出“苟可以强国，不法其故；苟可以利民，不循其礼”“三代不同礼而王，五伯不同法而霸。智者作法，愚者制焉；贤者更礼，不肖者拘焉”等令人耳目一新的看法；他还以夏殷两代的兴亡事实作为论据，得出“治世不一道，便国不法古”的进化发展观点。这些都表现了他敢于创新、坚执有为的心理。总之，孔子、孟子、商鞅等中华民族文化导师在春秋战国时代的实践行为是我们这个古老民族自强日新的文化心理的最好表现。

就在思想家们奔走于朱门高邸的同时，另一批中华民族的精英们则在刀光剑影的战场上书写着他们的传奇人生。《司马穰苴列传》《孙子吴起列传》《白起王翦列传》《乐毅列传》《田单列传》《蒙恬列传》《淮阴侯列传》《李将军列传》以及《卫将军骠骑列传》等篇章记录的是司马穰苴、孙子、吴起、王翦、乐毅、蒙恬、韩信、李广、卫青等杰出的军事家们在连天烽火中反抗暴虐、抵御外侮、维护一统的英雄伟业。他们运筹帷幄、驰骋疆场、浴血奋斗、叱咤风云的人生经历无疑是自强日新的民族文化心理的最生动证明。

除此之外，司马迁还写到了那些闪烁着智慧和才情的人物，股肱名臣如管仲、晏婴、蔺相如、萧何、曹参、张良、陈平等人，游士说客如鲁仲连、邹阳、毛遂等人，以他们的治国功绩和立功立德的人生追求为刚健有为的民族文化心理再添例证。《平原君虞卿列传》载，秦围邯郸，“赵使平原君求救，合纵于楚，约与食客门下有勇力文武备具者二十人偕”，但选来选去，只有十九人符合条件，毛遂得知后，“自荐于平原君”，请求一起往楚，但平原君以其无名而拒绝，毛遂说：“臣乃今日请处囊中耳。使遂早得处囊中，乃颖脱而出，非特其末见而已”。于是平原君带上他一起至楚。在楚，毛遂凭借其智慧胆识说服了楚王与赵合纵，从而出色地完成使命。毛遂自荐并最终建功立业，表明了他不甘无名、自强不息的热切心理。这其实也是战国士林的普遍心态。战国诸雄为了达到在兼并战争中占得优势的目的，竞相养士尊士，这种举动一方面极大地提高了士林阶层的社会地位，唤醒了他们的主体意识与自尊心理；另一方面也让他们认识到，要想安身立命并获得更高的社会地位和更普遍的社会赞誉，就必须彻底地挖掘自身潜力，充分发挥自身才能。因此，战国时代，大多数士林人物都愿意在政治舞台上展示自我，把内在创造力转化为外在事功。在这一刚健有为、自强日新的时代文化心理的激荡下，不但如毛遂这般的人不讳锋芒毕露，甚至连尚未成年的孩子也渴望一试牛刀。据《樗里子甘茂列传》记载，著名的游士甘茂有个孙子叫甘罗，年仅十二“事秦相文信侯吕不韦”。其时，“秦使张唐往相燕，欲与燕共伐赵以广河间之地”，但张唐因得罪过赵国，害怕往燕途经赵国时遭到报复，因此坚决不肯去。吕不韦不高兴，但又无法勉强他。甘罗知道后，请求前去说服张唐，他对吕不韦说："臣请行之。"吕不韦不相信一个小孩子能说服张唐，叱责道："去！我身自请之而不肯，女焉能行之？"甘罗说："大项橐生七岁为孔子师。今臣生十二岁于兹矣，君其试臣，何遽叱乎？"吕不韦有些心动，于是就让他一试。经过甘罗一番利害分析后，张唐说"请因孺子行"，竟同意往燕。后来，甘罗又以"谋诈"和"奇计"迫使赵王"自割五城以广河间"。回国后，他被秦王拜为上卿。通观甘罗的言行，谁能相信他是个年仅十二岁的孩子呢！从这些令人拍案惊奇的言行中也可窥见中华民族自强日新的文化心理的广泛性及其对历史个体的深刻影响。

从对象看，自强日新的心理既有为天下苍生而谋的，如五帝及孔孟等思想家，也有为一人之霸业而行的，如重耳、勾践等。还有为一己之私仇而动的，这从《史记》记录的古往今来的所谓"烈丈夫"身上可以看出。《伍子胥列传》是一篇礼赞伍子胥及其复仇精神的颂歌。伍子胥的父兄为楚平王冤杀。为了报仇，伍子胥由楚奔宋，又辗转至郑，最后入吴。途中历经困苦："未至吴而疾，止中道，乞食"，贫病交加，乞讨而生，境遇悲惨至极，但这些困厄没有浇灭他心中的复仇之火，反而坚定了他的复仇意志。十几年后，伍子胥等待已久的复仇机会终于到来，他率军五战而逐楚入郢，"乃掘楚平王墓，出其尸，鞭之三百，然后已"，报了血海深仇。司马迁对伍子胥的复仇行动和从中表现出的自强不息的意志给予了高度赞扬：

> 向令伍子胥从奢俱死，何异蝼蚁。弃小义，雪大耻，名垂于后世，悲夫！方子胥窘于江上，道乞食，志岂尝须臾忘郢邪？故隐忍就功名，非烈丈夫孰能致此哉？

《道德经》云："曲则全，枉则直；洼则盈，敝则新；少则得，多则惑，是以圣人抱一为天下式。不自见，故明；不自是，故彰；不自伐，故有功；不自矜，故长。夫唯不争，故天下莫能与之争。"[1]"隐忍"不是自污

---

1 ［魏］王弼注、楼宇烈校释：《老子道德经注校释》，中华书局，2008，第55—56页。

求存、苟且偷生，而是审时度势之后，以当下之“曲”为将来之“直”计，自强不息，积蓄力量，徐徐图之，而不争一时之长短，此即所谓“夫唯不争，故天下莫能与之争”也。可见，“隐忍”是自强不息的心理前提之一，非常人可为，所以太史公以“烈丈夫”誉之。除伍子胥之外，季布也是一位具有隐忍不屈、自强不息心理的“烈丈夫”。

《季布栾布列传》载，季布本为项羽帐下大将，项羽覆亡后，刘邦悬赏千金捉拿他，濮阳周氏“乃髡钳季布，衣褐衣，置广柳车中，并与其家僮数十人，之鲁朱家所卖之”。季布身为一代骁将而甘受钳奴之辱，正是其隐忍自强精神之所在。司马迁在本传论赞中说：

> 以项羽之气，而季布以勇显于楚，身屦军搴旗者数矣，可谓壮士。然至被刑戮，为人奴而不死，何其下也！彼必自负其材，故受辱而不羞，欲有所用其未足也，故终为汉名将。贤者诚重其死。夫婢妾贱人感慨而自杀者，非能勇也，其计画无复之耳。栾布哭彭越，趣汤如归者，彼诚知所处，不自重其死。虽往古烈士，何以加哉！

一句“何其下也”，突现了季布能屈能伸、忍辱含垢而自强不屈的烈丈夫本色。后来，他被刘邦赦免，终成汉家名将，正是这一心性的直接结果。一句“何以加哉”，则凸显了司马迁对其自强不息精神的由衷赞叹。

伍子胥、季布等人“隐忍就功名”的举动为自强不息的民族心理再续新篇。此外，司马迁还不忘刺客、游侠、滑稽等下层士林人物，记录了他们在有限的舞台上尽情地表达自我积极进取、立名天下的渴望。他们的行为和精神使中华民族自强不息的文化心理在《史记》中的展现更加真实而全面。

总之，司马迁以激情澎湃的笔触，记录了华夏民族三千年历史中帝王、诸侯和士林等阶层的英雄业绩，广泛而深入地展现了中华民族自强日新的文化心理。正是在这个意义上，我们说《史记》不惟是一部民族奋斗史，更是一部民族心灵史。其实，司马迁发愤著书的行为又何尝不是自强不息的民族文化心理的绝佳典范呢？司马迁以“口语”惨遭腐刑，但他没有消沉，而是以极大的毅力生存下来，誓以愤书的方式对其耻辱进行补偿：“所以隐忍苟活，幽于粪土之中而不辞者，恨私心有所不尽，鄙陋没世，而文彩不表于后世也。”[1] 他还说：“仆诚以著此书藏诸名山，传之其人，通邑大都，则仆偿前辱之责，虽万被戮，岂有悔哉?”[2] 正是靠着这种隐忍发愤、自强不息的精神，司马迁才能集十数年之力撰成独步古今的巨制《史记》，让后人得以从中纵览历史风云、俯察沧桑人事、聆听史迁之心。

1 ［汉］司马迁：《报任少卿书》，载［梁］萧统编、［唐］李善注《文选》卷四十一，上海古籍出版社，1986，第1863页。

2 同上书，第1865—1866页。

第三节
从齐味成乐到天下达道：德兴虐亡中的反暴尚和之心

《纣王》

（明·孙承恩《文简集》卷二）

纣恶仍浮桀，骄夸妄自贤。漫云生有命，不道罪弥天。
杀戮忠良远，奇淫妾妇怜。倒戈躬衣玉，牧野看当年。

一、"和"乃治世之本、天下达道

"和"是中国传统文化中的一个经典概念，也是中国古人的一种审美理想和追求。《尚书·虞书·舜典》曰："诗言志，歌永言，声依永，律和声。八音克谐，无相夺伦，神人以和。"[1]《说文》释"和"云："相应也，从口禾声。"[2] 可知"和"本有声音相和之义。后来由此推衍出稼禾成熟、五味调和之义。[3] 这就是说，"和"最初用来表示听觉、味觉等方面的适度感。渐渐地，它被提升到伦理的高度，从个体生命的愉悦感受扩展为群体生存的和顺愿望，如人际亲和、政治清和等。《左传·昭公二十年》记晏婴答齐景公语云：

1 ［汉］孔安国传、［唐］孔颖达疏：《尚书正义》，《十三经注疏》本，中华书局，1980，第131页。

2 ［汉］许慎：《说文解字》，中华书局，1963，第32页。

3 王冬：《古代"中和"观及其现实意义》，载《天津师大学报》2000年第2期，第11页。

和如羹焉，水、火、醯、醢、盐、梅，以烹鱼肉，燀之以薪，宰夫和之，齐之以味，济其不及，以泄其过。君子食之，以平其心。君臣亦然。君所谓可而有否焉，臣献其否以成其可；君所谓否而有可焉，臣献其可以去其否。是以政平而不干，民无争心。故《诗》曰："亦有和羹，既戒既平。鬷嘏无言，时靡有争。"先王之济五味、和五声也，以平其心，成其政也。声亦如味，一气，二体，三类，四物，五声，六律，七音，八风，九歌，以相成也；清浊，小大，短长，疾徐，哀乐，刚柔，迟速，高下，出入，周疏，以相济也。君子听之，以平其心。心平，德和。故《诗》曰："德音不瑕。"今据不然。君所谓可，据亦曰可；君所谓否，据亦曰否。若以水济水，谁能食之？若琴瑟之专壹，谁能听之？同之不可也如是。[1]

晏婴首先以宰夫烹鱼肉为喻，指出只有"齐之以味，济其不及，以泄其过"，才能做成美味。这是什么意思呢？孔颖达解释得很到位："齐之者，使酸咸适中，济益其味；不足者，泄减其味大过者。"[2]"齐"意谓"益"；"济"是"增加"；"泄"是"减少"。烹饪鱼肉，各种调料的调和，增之减之，必须适量，水火相济，必须适合，各种食材量、味平衡，做出来的鱼肉才会呈现出最佳的味道，这就是所谓的"和"；人吃了，也会内心平和。音乐之"和"，也是如此。各种声律音调，必须协调相应，才能使演奏出来的音乐和畅调达；人听了，才会内心安宁。晏婴烹调、奏乐的两个比喻，均指向了君臣关系。君主认为可行的事请，其中也许还有不可行的因素，作为大臣，必须指出此类因素；反之亦然。如此，"有可"与"去否"，利与不利，增减相成，从而使事情达至完满，就像调和五味、协奏诸音至于完美。相反地，如果君主认为可行，大臣不辨是非，

1　杨伯峻：《春秋左传注（修订本）》，中华书局，1990，第1419—1420页。
2　［晋］杜预注、［唐］孔颖达疏：《春秋左传正义》，《十三经注疏》本，中华书局，1980，第2093页。

也认为可行；君主认为不可行，大臣不知臧否，也认为不可行，这样的话，只有一种声音，事情怎能臻于和美？总之，只有君臣和谐统一，政事才能平和顺畅，百姓才会和美安宁。

其实，类似的意思在《国语·周语下》中就有表达。周景王计划造一座无射钟，并想先造一座大林钟为之和音，大臣单穆公表示反对：“夫乐不过以听耳，而美不过以观目。若听乐而震，观美而眩，患莫甚焉。夫耳目，心之枢机也，故必听和而视正。听和则聪，视正则明。聪则言听，明则德昭。听言昭德，则能思虑纯固。以言德于民，民歆而德之，则归心焉。”[1] 单穆公认为人的耳目等感官与内心是相关联的，感官的感受会传达给心理，进而影响人的精神行为，所以只有声音和谐，才能心理平和，进而达到德和、民和、政和。乐官州鸠说得更明白：“夫政象乐，乐从和，和从平。声以和乐，律以平声”；“夫有和平之声，则有蕃殖之财。于是乎道之以中德，咏之以中音，德音不愆，以合神人，神是以宁，民是以听。”[2]

虽然“和”也用来表示一种品质，如《周礼·天官》即以“知、仁、圣、义、忠、和”为六德，但总体来说，在早期中国的经典中，“和”是指一种有序、谐洽、安宁的状态，与无序、纷乱、争斗等相对；其用以观照社会秩序和政治理想后，就渐渐形成崇尚和平、反对暴力的民族文化心理。《中庸》对此有经典表述：“喜怒哀乐之未发，谓之中。发而皆中节，谓之和。中也者，天下之大本也；和也者，天下之达道也。致中和，天地位焉，万物育焉。”[3]

二、反暴尚和乃历史的主流意识

反暴尚和的民族文化心理向内表现为厌弃暴虐统治，渴望清和的社会

1 上海师范大学古籍整理组校点：《国语》，上海古籍出版社，1978，第125页。
2 同上书，第128、130页。
3 ［宋］朱熹：《四书章句集注·中庸章句》，中华书局，1983，第18页。

秩序。《史记》在本纪中对这一心理作了历时性观照与揭示。《殷本纪》记载：

> 当是时，夏桀为虐政淫荒，而诸侯昆吾氏为乱。汤乃兴师率诸侯，伊尹从汤，汤自把钺以伐昆吾，遂伐桀。汤曰："格女众庶，来，女悉听朕言。匪台小子敢行举乱，有夏多罪，予维闻女众言，夏氏有罪。予畏上帝，不敢不正。今夏多罪，天命殛之。今女有众，女曰'我君不恤我众，舍我啬事而割政'。女其曰'有罪，其奈何'？夏王率止众力，率夺夏国。有众率怠不和，曰'是日何时丧？予与女皆亡'！夏德若兹，今朕必往。尔尚及予一人致天之罚，予其大理女。女毋不信，朕不食言。女不从誓言，予则帑僇女，无有攸赦。"以告令师，作《汤誓》。

《史记》这段话引自《尚书·汤誓》，文字略有差异。夏桀暴虐，百姓不堪其治。成汤顺应民心，率军集结于鸣条，准备一举灭夏，以上司马迁所引即为其战前的训誓，相当于动员令。汤在誓言中说道，夏桀残虐荒淫、不修德政，致使民众不堪其暴。其中"是日何时丧？予与女皆亡"一句是当时民众的疾呼，《孟子·梁惠王上》亦引，云"时日害丧？予及女偕亡"。夏桀至狂，自比为太阳，幻想永不消逝。可是，民众已经忍无可忍，痛声疾呼：你这个"太阳"什么时候才灭亡啊，我们宁愿和你同归于尽！此句简扼无华，情绪激切，反对暴政、向往和平的心理袒露无遗。

黑暗政治绝非历史偶然，在某种程度上是历史常态，这是专制主义统治的本相之一。《殷本纪》记载，殷商帝祖庚崩，弟祖甲即位，是为帝甲。"帝甲淫乱，殷复衰"；嗣后的帝王一个比一个残暴，不知伊于胡底。

> 帝武乙无道，为偶人，谓之天神。与之博，令人为行。天神不胜，乃僇辱之。为革囊，盛血，卬而射之，命曰"射天"。武乙猎于河渭之间，暴雷，武乙震死。子帝太丁立。帝太丁崩，子

帝乙立。帝乙立，殷益衰。

帝乙长子曰微子启，启母贱，不得嗣。少子辛，辛母正后，辛为嗣。帝乙崩，子辛立，是为帝辛，天下谓之纣。

帝纣资辨捷疾，闻见甚敏；材力过人，手格猛兽；知足以距谏，言足以饰非；矜人臣以能，高天下以声，以为皆出己之下。好酒淫乐，嬖于妇人。……厚赋税以实鹿台之钱，而盈钜桥之粟。益收狗马奇物，充仞宫室。益广沙丘苑台，多取野兽蜚鸟置其中。慢于鬼神。大聚乐戏于沙丘，以酒为池，县肉为林，使男女裸相逐其间，为长夜之饮。

百姓怨望而诸侯有畔者，于是纣乃重刑辟，有炮格之法。以西伯昌、九侯、鄂侯为三公。九侯有好女，入之纣。九侯女不喜淫，纣怒，杀之，而醢九侯。鄂侯争之强，辨之疾，并脯鄂侯。西伯昌闻之，窃叹。崇侯虎知之，以告纣，纣囚西伯羑里。……而用费中为政。费中善谀，好利，殷人弗亲。纣又用恶来。恶来善毁谗，诸侯以此益疏。

……

纣愈淫乱不止。微子数谏不听，乃与大师、少师谋，遂去。比干曰：“为人臣者，不得不以死争。”乃强谏纣。纣怒曰：“吾闻圣人心有七窍。”剖比干，观其心。箕子惧，乃详狂为奴，纣又囚之。……周武王于是遂率诸侯伐纣。纣亦发兵距之牧野。甲子日，纣兵败。纣走，入登鹿台，衣其宝玉衣，赴火而死。……殷民大说。于是周武王为天子。

司马迁以大量篇幅详细地描写了殷朝后期帝王尤其是商纣的种种暴行。在中国历史上，商纣是与夏桀可并而观之的暴君。他逞强称能，文过饰非，恃己轻人，唯我独尊；他大兴土木，赋繁役重，飞鹰走狗，宝爱珍奇；他纵酒耽色，夜夜笙歌，酒池肉林，所行非人；他郊社不修，宗庙不享，专权恣暴，残民害物；他近狎邪僻，不辨殃孽，豺狼成性，虐害忠良。如斯之类，堪称暴君之集大成者！如此帝王，怎能不离德失众而自取灭亡！所以，当周武王号召讨恶翦暴之后，“诸侯不期而会盟津者八百诸侯”；决战牧野时，“纣师虽众，皆无战之心，心欲武王亟入。纣师皆倒兵以战，以开武王”；纣王自烧亡后，“殷民大说”；战后，“武王至商国，商国百姓咸待于郊”。这里的“诸侯不期而会”、纣师“无战之心”且“心欲武王亟入”并最终倒戈引路、殷民“大说”又企足而待等等描写，再清楚不过地表明了处于暴政重压下的各阶层民众对于和平的渴望之心。

周人以德代商而有天下，但其自昭王始，嗣王一个比一个昏庸，王道渐衰，“荒服者不至”，“诸侯有不睦者”，历史有重演之势。然而，在这样的情形下，周厉王还不思修德，“暴虐侈傲”；周人不满，“谤王”。“王怒，得卫巫，使监谤者，以告则杀之”，弄得“国人莫敢言，道路以目”。厉王还因此沾沾自喜，对召公说：“吾能弭谤矣，乃不敢言。”召公看出了此间的危险，劝谏道：“防民之口，甚于防水。水壅而溃，伤人必多，民亦如之。”厉王不听。终于，三年后，忍无可忍的国人“乃相与畔，袭厉王。厉王出奔于彘”。这便是历史上有名的“国人暴动”。《周本纪》对周王的堕落和这一事件的细致描绘，反映了民众对于以暴为政、以暴治国的反对与抗拒，他们向往的是稳定、有序而和宁的生活。这是民心所指，也是历史正道。可惜的是，历史常常不遂人愿。

秦在以武力削平六国之后，继续以君主的绝对意志与法家的任法精神相结合的“力政”治理天下，致其有“暴秦”“雕鸷之秦”“虎狼之国”等令人惊悚的称号。《秦始皇本纪》对秦之暴政多有揭露：

> （二十八年，始皇东行）过彭城……浮江，至湘山祠。逢大风，几不得渡。上问博士曰：“湘君何神？”博士对曰：“闻之，尧女，舜之妻，而葬此。”于是始皇大怒，使刑徒三千人皆伐湘山树，赭其山。

> 二十九年，始皇东游。至阳武博狼沙中，为盗所惊。求弗得，乃令天下大索十日。
>
> 三十一年十二月……始皇为微行咸阳，与武士四人俱，夜出逢盗兰池，见窘，武士击杀盗，关中大索二十日。
>
> （三十五年），始皇帝幸梁山宫，从山上见丞相车骑众，弗善也。中人或告丞相，丞相后损车骑。始皇怒曰：“此中人泄吾语。”……诏捕诸时在旁者，皆杀之。
>
> （三十五年）侯生、卢生相与谋曰：“始皇为人，天性刚戾自用，起诸侯，并天下，意得欲从，以为自古莫及己。……”于是乃亡去。始皇闻亡，乃大怒……于是使御史悉案问诸生，诸生传相告引，乃自除。犯禁者四百六十余人，皆坑之咸阳，使天下知之，以惩后。
>
> 三十六年……有坠星下东郡，至地为石，黔首或刻其石曰“始皇帝死而地分”。始皇闻之，遣御史逐问，莫服，尽取石旁居人诛之，因燔销其石。

“大索”“皆杀之”“皆坑之”“尽……诛之”等说明侯生、卢生对秦始皇“乐以刑杀为威”的评价是完全符合实际的。一以贯之的暴政，在民众心底种下了无数反暴的种子，一有合适的机会，它们就会迅速萌发生长为反暴政的合抱之木。果然，陈涉、吴广在大泽乡振臂一呼，天下应者云集：“当此时，诸郡县苦秦吏者，皆刑其长吏，杀之以应陈涉”。这说明，当时的民众不但“苦秦久矣”，而且反暴之心亦久矣。

项羽、刘邦二人正是在风起云涌的反暴秦的斗争中迅速崛起的，从他们入关前后的举动及民众的反应，我们可以更清楚地窥见其时的社会心理。汉元年，刘邦率兵西进咸阳，“诸所过毋得掠虏，秦人喜，秦军解”。入关后，他又“与父老约，法三章耳：杀人者死，伤人及盗抵罪。余悉除去秦法。诸吏人皆案堵如故。凡吾所以来，为父老除害，非有所侵暴，无恐!”刘邦这样做，表明他看到当时民众的心声。在秦之苛政下，“天下畏罪持禄，莫敢尽忠”，百姓更是在恐怖中度日，他们对和平安宁的生活特别渴望，所以看到告谕后，“秦人大喜，争持牛羊酒食献飨军士。沛公又让不受……人又益喜，唯恐沛公不为秦王”。不久，项羽亦西进，“夜击坑秦卒二十余万人新安城南”。入关后，他又“屠烧咸阳秦宫室，所过无所不残破”，致使“秦人大失望，然恐，不敢不服耳”。秦人一“大喜”、一“大失望”的相反态度，毋庸置疑地透露了民众向往和平，反对以暴力统一天下的心理。

三、反暴尚和乃爱国志士的自觉意识

反暴尚和的民族文化心理向外则表现为反抗侵略、抵制叛乱、维护和平的生存环境等，司马迁对此通过典型人物的典型行为进行了展现。从屈原两度出使齐国主张合纵抗秦到蔺相如、廉颇二人“卒相与欢，为刎颈之交”、共御外侮，从李广守边四十多年“家无余财”到张骞通使西域，从鲁仲连义不帝秦到晁错上书请削藩，等等，都是中华民族反对暴政、维护和平的文化心理的绝好例证。刘敬的所作所为也是此一心理的典型表征之一。

《刘敬叔孙通列传》记载，刘敬本是一名戍卒，在征戍陇西的途中，他听说高祖要以洛阳为都，便通过同乡虞将军求见刘邦。以戍卒而见帝王，一出场就显得不凡。更让人称奇的是，当虞将军要他脱下羊裘换上鲜艳的衣服时，他回答说：“臣衣帛，衣帛见；衣褐，衣褐见；终不敢易衣。”在尽显奇士风范的同时，也透露了专务天下而不媚上邀宠的心理。进见后，他条分缕析，指出以关中为都的优势：“被山带河，四塞以为固，卒然有急，百万之众可具也。因秦之故，资甚美膏腴之地，此所谓天府者也。陛下入关而都之，山东虽乱，秦之故地可全而有也。”精辟犀利的分析终于打动了刘邦，决定徙都关中。刘敬的分析就其出发点而言，全在于维护社会的富足和安宁，由此可见其期盼和平与稳定的心态。他的深谋远虑五十年后得到了印证：吴楚七国叛乱，河南之地成为动荡不安的战场，而中央所在的关中则安如磐石。

最能体现刘敬尚和之心的是他提出的和亲匈奴的战略。秦汉之际，匈奴的实力空前强盛，“控弦三十万，数苦北边”，对汉政权造成了极大威胁。汉高祖七年，刘邦亲率二十万大军，试图一举征服匈奴，结果大败而归，这表明以汉朝当时的实力是不能从军事上消除匈奴的威胁的。于是刘敬审时度势，提出和亲的策略：

> 陛下诚能以嫡长公主妻之，厚奉遗之，彼知汉嫡女送厚，蛮夷必慕以为阏氏，生子必为太子，代单于。何者？贪汉重币。陛下以岁时汉所余彼所鲜数问遗，因使辩士风谕以礼节。冒顿在，固为子婿；死，则外孙为单于。岂尝闻外孙敢与大父抗礼者哉？兵可无战以渐臣也。

刘敬认为，传统的修德以感化外夷的做法不适合对付匈奴，而通过姻亲这一纽带则可以使单于臣服。这一策略虽然带有屈辱的味道，但在当时的社会现实下，却差不多是唯一比较明智的选择。经过暴秦十几年的统治和八年的战乱后，刘邦的汉王朝千疮百孔，首要的任务是恢复生产、安定社会、发展经济，而其时民心所向亦在稳定。和亲可以稳定北疆，为医治兵患创造一个相对和平安定的外部环境。正是基于这样的考虑，刘敬提出和亲策略。这也是完全出于“计久远子孙为臣”而行的战略，没有个人私心。事实证明，这一策略是可行且有效的。后来吕后、文帝、景帝都继续奉行和亲策略，从而为与民休息、发展生产创造了条件，为“文景之治”局面的形成和武帝时汉家的全面强盛奠定了基础。

刘敬为汉代的万世之安可谓殚精竭虑，不遗余力。出使匈奴归来途中，他注意到匈奴河南地区白羊、楼烦二王统辖的部族距离长安极近，轻骑兵一天一夜就可抵达关中，对汉威胁极大；而且关中地区刚刚经历战乱，人口稀少，破败不堪，但土地肥沃，发展潜力很大。因此，他想到，可以迁徙战国六国的宗室后代至此。他对刘邦说，迁徙六国旧贵族于关中，其一，可以将他们直接置于中央的监管之下，使其不能轻举妄动，伺机复仇；其二，“无事，可以备胡；诸侯有变，亦足率以东伐”，即可以防备匈奴，充实兵源；其三，可以开发这一地区，发展生产。此一“强本弱末”的策略，可谓“一石三鸟”。这一极具战略意义的思想的提出，表明刘敬绝非蝇营狗苟的利禄之徒，而是充满社会责任感和爱国热情的英豪。他全力为汉家“建万世之安”，也正凸显了中华民族的精英知识分子对和平与稳定的渴望和努力。这与同时代或稍后的那些致力于重建社会结构、重塑礼乐教化和安定汉代政权的有识之士，如陆贾、贾谊等人的内心是一致的。司马迁正是通过他们的行为向我们展示了中华民族崇尚和平、反对动乱与暴政的美好心理。

事实上，司马迁对暴政也是反对的。他历数由夏桀、殷纣到秦二世再到刘汉武帝以酷吏“好杀伐行威”的暴行，以及历代民众因此而离心离德，其指向再明显不过。他虽然不屑刘邦、崇敬项羽，但对二人在反对暴秦中的不同行为及其结果还是有不同的评判的。《项羽本纪》论赞曰：

> 太史公曰：吾闻之周生曰“舜目盖重瞳子”，又闻项羽亦重瞳子。羽岂其苗裔邪？何兴之暴也！夫秦失其政，陈涉首难，豪杰蜂起，相与并争，不可胜数。然羽非有尺寸，乘势起陇亩之中，三年，遂将五诸侯灭秦，分裂天下，而封王侯，政由羽出，号为“霸王”，位虽不终，近古以来未尝有也。及羽背关怀楚，放逐义帝而自立，怨王侯叛己，难矣。自矜功伐，奋其私智而不师古，谓霸王之业，欲以力征经营天下，五年卒亡其国，身死东城，尚不觉寤而不自责，过矣。乃引“天亡我，非用兵之罪也”，岂不谬哉！

司马迁一方面赞赏项羽除暴摧秦的历史正义性和不世功勋，但对其自矜功伐、专任武力的骄恃不悟也提出了严厉批评。这一段话可与《秦楚之际月表》的序言对读。司马迁纵观秦汉之际的反秦历史，对项羽、刘邦的行动作出了总结和评价：“虐戾灭秦，自项氏；拨乱诛暴，平定海内，卒践帝祚，成于汉家。”项羽是“虐戾灭秦”，刘邦则是“拨乱诛暴”，两相对比，表明司马迁对项羽不察民心、以暴易暴行为的否定和刘邦注意人心、反暴安民之举的褒扬，从而显示了自己反暴尚和的心理。对于刘敬，司马迁在本传论赞中也给予了很高的评价：

> 语曰“千金之裘，非一狐之腋也；台榭之榱，非一木之枝也；三代之际，非一士之智也”。信哉！夫高祖起微细，定海内，谋计用兵，可谓尽之矣。然而刘敬脱輓辂一说，建万世之安，智岂可专邪！

“脱輓辂一说”是指刘敬说服刘邦定都关中、和亲匈奴和徙六国宗族于关中这三件事。“建万世之安”则一方面指明了他的伟大功业，另一方面也暗示了他竭力期望和平与稳定的心理。

第四节
从存亡继绝到一任本怀：父母之邦在的爱国保民之心

《三闾大夫赞》

（宋·王柏《鲁斋王文宪公文集》卷三）

爱国忧民感慨深，沅湘浩浩魄沈沈。

怀沙哀郢成何事，日月争光只此心。

一、先秦经典中的“爱国”及其意涵

《战国策·西周策》记载：“秦令樗里疾以车百乘入周，周君迎之以卒，甚敬。楚王怒，让周，以其重秦客。游腾谓楚王曰：‘昔智伯欲伐厹由，遗之大钟，载以广车，因随入以兵，厹由卒亡，无备故也。桓公伐蔡也，号言伐楚，其实袭蔡。今秦者，虎狼之国也，兼有吞周之意，使樗里疾以车百乘入周，周君惧焉，以蔡、厹由戒之，故使长兵在前，强弩在后，名曰卫疾，而实囚之也。周君岂能无爱国哉？恐一日之亡国，而忧大王。’楚王乃悦。”[1] 这件事发生在周赧王八年（前 307）。当时秦武王派遣丞相樗里疾率百乘之车进入周地，周赧王以隆重的卒礼（百人之礼）相迎，楚怀王听闻此事后大怒，认为周王尊秦卑楚。周臣游腾受命使楚解

1 ［西汉］刘向集录、范祥雍笺证、范邦瑾协校：《战国策笺证》，上海古籍出版社，2006，第 89—90 页。

释此事。游腾对怀王说，秦国乃虎狼之国，或有吞并之心，以卒礼相迎实际上是为了自卫，这是周王的“爱国”之心使然，楚王听后感到满意。如果《战国策》的这一记载可信的话[1]，便是“爱国”一词在目前可见文献中的最早出处，且其意涵与今日之用也无甚差别。

在先秦典籍中，“父母之邦”一词多次出现。《论语·微子》云：

> 柳下惠为士师，三黜。人曰：“子未可以去乎？”曰：“直道而事人，焉往而不三黜？枉道而事人，何必去父母之邦？”

柳下惠，展氏，名获，字子禽（一字季），春秋中期鲁国人。他曾是鲁国执掌刑狱的官，但屡遭罢斥，有人因此劝他离开鲁国。柳下惠回答说：“我之所以屡次被罢黜，是因为行事正直，不肯屈己随人。可是如果我改变心性、枉道附俗，那又何必离开父母之邦呢？”毋庸置疑，柳下惠是一个正直守道的高士，孔子因此以“逸民”誉之。这里的“父母之邦”已有“祖国”的意思，不过柳下惠之言并未蕴藉爱国之意。孔子也多次去“父母之邦”。《孟子·万章下》云：

> 孔子之去齐，接淅而行；去鲁，曰：“迟迟吾行也。”去父母国之道也。可以速而速，可以久而久，可以处而处，可以仕而仕，孔子也。[2]

相似的表达又见《孟子·尽心下》：

> 孟子曰：“孔子之去鲁，曰：‘迟迟吾行也。’去父母国之道也。去齐，接淅而行，去他国之道也。”[3]

以“父母国”与“他国”对举，显示在时人的心中“祖国”及其主体性

---

1 《史记·樗里子甘茂列传》亦记此事，语多雷同，唯“周君岂能无爱国哉”一句写作“且夫周岂能无忧其社稷哉”。

2 ［宋］朱熹：《四书章句集注·孟子集注》，中华书局，1983，第314—315页。

3 同上书，第367—368页。

已经确立。所谓“接淅而行”，朱熹集注云：“接，犹承也。淅，渍米水也。渍米将炊，而欲去之速，故以手承水取米而行，不及炊也。”[1] 孔子“接淅而行”以去齐，“迟迟吾行”以去鲁，显示了对祖国的眷恋和不舍。需要注意的是，虽然我们并不怀疑孔子的爱鲁之心，且“父母国”一词很可能化用自《论语》“父母之邦”，不过上引文字和意绪并未整体呈现于《论语》之中，而是“孟子曰”，是孟夫子所体认、诠释的孔夫子之心。所以，就现存文献而言，对“祖国”主体性的正式确认应该是在战国之际。这与战国激烈的兼并战争造就的国族意识有直接关系。虽然战国游士心中只有天下和个人，几无“祖国”和“爱国”意识，但这并不妨碍更多的人去体认“父母之邦”并以己行表达对其眷恋和热爱。

不过，在“爱国”和“父母之邦”及其类同概念获得确认之前，爱国主义作为一种精神和事实早已存在。爱国主义是人类的共同情操之一，是个体基于命运共同体而生发的心性认知，并在民族或国家的历史进程中凝聚成精神共相。中国人民的爱国主义传统由来已久，并伴随中华民族的形成而积淀出丰富的意涵，从古典文学源头的《诗经》中即可窥见其基本面向。

《小雅·六月》是一首歌颂尹吉甫奉周宣王之命北伐玁狁并凯旋的诗歌，其中有谓：“六月栖栖，戎车既饬。四牡骙骙，载是常服。玁狁孔炽，我是用急。王于出征，以匡王国。……四牡修广，其大有颙。薄伐玁狁，以奏肤公。有严有翼，共武之服。共武之服，以定王国。”[2] 既匡且定，表明爱国的意涵体现于抵御外侮、安邦定国。《尚书·仲虺之诰》言：“佑贤辅德，显忠遂良，兼弱攻昧，取乱侮亡，推亡固存，邦乃其昌。”[3] 二者可互为注脚。

存亡继绝、复国安民是爱国精神在极端情势的延伸意涵。《左传·闵

1 ［宋］朱熹：《四书章句集注·孟子集注》，中华书局，1983，第315页。
2 程俊英、蒋见元：《诗经注析》，中华书局，1991，第499—501页。
3 ［汉］孔安国传、［唐］孔颖达疏：《尚书正义》，《十三经注疏》本，中华书局，1980，第161页。

公二年》记载：“冬十二月，狄人伐卫。卫懿公好鹤，鹤有乘轩者。将战，国人受甲者皆曰：‘使鹤！鹤实有禄位，余焉能战?’……及狄人战于荥泽，卫师败绩，遂灭卫。”[1] 卫国亡于狄后，已经远嫁许国的卫国公主许穆夫人心急如焚[2]，日夜兼程赶到祖国，并写下了《载驰》。诗云：

既不我嘉，不能旋反。视尔不臧，我思不远。

既不我嘉，不能旋济？视尔不臧，我思不閟。

陟彼阿丘，言采其蝱。女子善怀，亦各有行。许人尤之，众稚且狂。

我行其野，芃芃其麦。控于大邦，谁因谁极？大夫君子，无我有尤。百尔所思，不如我所之。

许穆夫人悯卫之亡，驰驱而归，内怀故国，忧思且愤。程俊英先生等将许穆夫人视为“有胆有识的爱国诗人”，并指出：“《载驰》的风格，沉郁顿挫，感慨欷歔，但悲而不污，哀而不伤，一种英迈壮往之气，充溢行间。许穆夫人的行止，固已贻愧须眉，其诗亦迥出流辈之上。首章起势横绝，然意蕴而未露；以下二章情辞缠绵，微露其意；四章始直抒胸臆，慨然生责；末章斩钉截铁，以一吐为快。章章转折，层层紧逼，其情愈激，其志愈决，其意愈明。没有真挚的爱国之心，怎能唱出激昂的歌曲；而后人吟咏此诗，虽千载之后，犹如闻其声，如见其人。”[3] 后来，在许穆夫人的感召下，齐桓公发兵助卫复国。许穆夫人的爱国精神终于获得完美的回报。

---

1 杨伯峻：《春秋左传注（修订本）》，中华书局，1990，第 265 页。

2 《左传 · 闵公二年》记载：“初，惠公之即位也少，齐人使昭伯烝于宣姜，不可，强之。生齐子、戴公、文公、宋桓夫人、许穆夫人。”［参杨伯峻《春秋左传注（修订本）》，中华书局，1990，第 266 页］宣姜是齐僖公之女，本是卫宣公夫人。鲁桓公十二年（前 700），宣公薨逝，宣姜与卫宣公之子朔即位，是为卫惠公。齐国强迫卫宣公庶子卫昭伯（公子顽）继娶宣姜，后来陆续生下齐子、戴公、文公、宋桓夫人和许穆夫人。好鹤亡国的卫懿公是卫惠公之子。所以，从母系论，许穆夫人是卫懿公的姑母。

3 程俊英、蒋见元：《诗经注析》，中华书局，1991，第 150 页。

当然，有的时候，爱国精神也充溢着悲凉之绪。《王风·黍离》："彼黍离离，彼稷之苗。行迈靡靡，中心摇摇。知我者，谓我心忧；不知我者，谓我何求。悠悠苍天，此何人哉?"[1] 这是周室覆亡后，某位故臣经过镐京故址，见宗庙社稷沦为废墟，只有黍稷离离，因此低徊无限，不忍离去。爱国的情操正见于凭吊故国的伤怀之中，此即所谓"黍离之悲"。不过，感世伤时、吊古伤怀的绝唱无助于故国的复兴，夙兴夜寐、立功当下的奉献才有裨于家国的昌盛。因此，《郑风·羔裘》热切称颂那些一心为国的才俊："羔裘如濡，洵直且侯。彼其之子，舍命不渝。"[2]《尚书·无逸》亦云："文王卑服，即康功田功；徽柔懿恭，怀保小民，惠鲜鳏寡；自朝至于日中昃，不遑暇食，用咸和万民。文王不敢盘于游田，以庶邦惟正之供。文王受命惟中身，厥享国五十年。"[3] 周公对文王的赞美虽不无谀意，但昭示的勤政和民之旨，却彰显了爱国是一种自上而下均需揄扬的大义；另外，文王的恪慎不休也表明：国家的长治久安端赖君臣的忧患意识。所以，忧深思远、公而忘私也是爱国的本意之一。此正如《孟子·告子》所论："入则无法家拂士，出则无敌国外患者，国恒亡，然后知生于忧患而死于安乐也。"[4]

先秦经典中对爱国主义的书写最为集中且影响最巨者非屈原及其《离骚》等作品莫属。屈原生活于战国后期，彼时七雄争王趋向白热化，天下统一的大势也逐渐明朗——非秦即楚。《战国策·楚策一·张仪为秦破从连横说楚王》中，张仪献书楚王曰："凡天下强国，非秦而楚，非楚而秦，两国敌侔交争，其势不两立。"[5] 当时有"横成则秦帝，纵成则楚王"的说法。在这一情势下，屈原主张联齐抗秦，但楚国内部以子兰等为代表的保守派却为私利亲秦，谗毁屈原，致使其被怀王疏远并被流放。

---

1 程俊英、蒋见元：《诗经注析》，中华书局，1991，第195页。

2 同上书，第233页。

3 ［汉］孔安国传、［唐］孔颖达疏：《尚书正义》，《十三经注疏》本，中华书局，1980，第222页。

4 ［宋］朱熹：《四书章句集注·孟子集注》，中华书局，1983，第348页。

5 ［西汉］刘向集录、范祥雍笺证、范邦瑾协校：《战国策笺证》，上海古籍出版社，2006，第793页。

然而，屈子爱国之心，纯粹如初。他一方面向楚王疾呼“不抚壮而弃秽兮，何不改乎此度？乘骐骥以驰骋兮，来吾导夫先路”，一方面誓言“路漫漫其修远兮，吾将上下而求索”。“岂余身之惮殃兮，恐皇舆之败绩”是屈原舍己为国的心灵自白，而“长太息以掩涕兮，哀民生之多艰。余虽好修姱以鞿羁兮，謇朝谇而夕替。既替余以蕙纕兮，又申之以揽茝。亦余心之所善兮，虽九死其犹未悔”，则是他为国尽瘁的忠心袒露。屈原最后绝望地吟道：“国无人莫我知兮，又何怀乎故都！既莫足与为美政兮，吾将从彭咸之所居。”以死明志，震人心魄。司马迁对屈原的高洁之性和爱国之心予以了高度评价。《屈原贾生列传》云：

> 屈平正道直行，竭忠尽智以事其君，谗人间之，可谓穷矣。信而见疑，忠而被谤，能无怨乎？屈平之作《离骚》，盖自怨生也。《国风》好色而不淫，《小雅》怨诽而不乱。若《离骚》者，可谓兼之矣。上称帝喾，下道齐桓，中述汤武，以刺世事。明道德之广崇，治乱之条贯，靡不毕见。其文约，其辞微，其志洁，其行廉，其称文小而其指极大，举类迩而见义远。其志洁，故其称物芳。其行廉，故死而不容。自疏濯淖污泥之中，蝉蜕于浊秽，以浮游尘埃之外，不获世之滋垢，皭然泥而不滓者也。推此志也，虽与日月争光可也。

屈原可“与日月争光”的伟大形象，正是由《史记》此论而得以屹立。[1] 当然，屈原也无愧于此一评价。[2]

可以说，爱国主义的民族心理在先秦经典中已经得到了比较充分地书写和阐发。司马迁纵览三千年的历史风云，激扬文字，尤爱“奇人”，以典型人物为基础，对古今以来的爱国志士进行了叙写和评骘，并借此系统

1 据班固《离骚序》及刘勰《文心雕龙·辨骚》，“《国风》好色而不淫，……可谓兼之矣”及“蝉蜕于浊秽，……虽与日月争光可也”两句，乃本于刘安《离骚传》。

2 有人认为屈原的爱国是忠君使然，其爱国主义某种程度上是忠君主义。关于这一点，可参考池万兴《〈史记〉与民族精神》（齐鲁书社，2009，第397—400页）一书中的辨析。

地梳理和凝练了中华民族的爱国主义心灵史。

二、泣血秦庭申包胥

李白《奔亡道中·其四》云:“申包惟恸哭,七日鬓毛斑。”又,《酬裴侍御对雨感时见赠》云:“楚邦有壮士,鄢郢翻扫荡。申包哭秦庭,泣血将安仰?”[1] 两首诗都提到了春秋时期申包胥哭秦庭乞师救楚的典故。相关历史最早见于《左传·定公四年》:

> 初,伍员与申包胥友。其亡也,谓申包胥曰:“我必复楚国。”申包胥曰:“勉之!子能复之,我必能兴之。”及昭王在随,申包胥如秦乞师,曰:“吴为封豕、长蛇,以荐食上国,虐始于楚。寡君失守社稷,越在草莽,使下臣告急,曰:‘夷德无厌,若邻于君,疆埸之患也。逮吴之未定,君其取分焉。若楚之遂亡,君之土也。若以君灵抚之,世以事君。’”秦伯使辞焉,曰:“寡人闻命矣。子姑就馆,将图而告。”对曰:“寡君越在草莽,未获所伏,下臣何敢即安?”立,依于庭墙而哭,日夜不绝声,勺饮不入口七日。秦哀公为之赋《无衣》,九顿首而坐。秦师乃出。[2]

鲁定公四年(前506)十一月,在伍子胥多年的准备和筹谋之下,吴王阖闾发兵攻楚,经柏举之战等,吴军攻破郢都,楚昭王仓皇出逃。申包胥远赴秦国,哭请哀公发兵救楚。这一段荡气回肠而又颇具悲剧性色彩的历史故事此后广为流传,申包胥也因此被视为先秦爱国者的典范之一。

《史记·秦本纪》对此也有提及,但极其简略,详细描写见于《伍子

---

1 [唐]李白著,瞿蜕园、朱金城校注:《李白集校注》,上海古籍出版社,1980,第1272—1273、1118页。

2 杨伯峻:《春秋左传注(修订本)》,中华书局,1990,第1547—1548页。

胥列传》，这是出于互见法的考量。其文如下：

> 始伍员与申包胥为交，员之亡也，谓包胥曰：“我必覆楚。”包胥曰：“我必存之。”及吴兵入郢，伍子胥求昭王。既不得，乃掘楚平王墓，出其尸，鞭之三百，然后已。申包胥亡于山中，使人谓子胥曰：“子之报雠，其以甚乎！吾闻之，人众者胜天，天定亦能破人。今子故平王之臣，亲北面而事之，今至于僇死人，此岂其无天道之极乎！”伍子胥曰：“为我谢申包胥曰，吾日莫途远，吾故倒行而逆施之。”于是申包胥走秦告急，求救于秦。秦不许。包胥立于秦廷，昼夜哭，七日七夜不绝其声。秦哀公怜之，曰：“楚虽无道，有臣若是，可无存乎！”乃遣车五百乘救楚击吴。六月，败吴兵于稷。会吴王久留楚求昭王，而阖庐弟夫概乃亡归，自立为王。阖庐闻之，乃释楚而归，击其弟夫概。夫概败走，遂奔楚。楚昭王见吴有内乱，乃复入郢。封夫概于堂溪，为堂溪氏。楚复与吴战，败吴，吴王乃归。

与《左传》之文比较可见，司马迁的文字稍长，而且有数处改写。其一，易“兴”为“存”。《说文》曰：“兴，起也”，有继始而盛之意。如以周成王封熊绎于楚蛮为立国之始，至楚昭王时，其已存在五百多年，此时再论“兴”之，似不恰切。“存”则蕴涵有存亡继绝之意，更符合上下文的情境，也更能表达出申包胥的复国决心。其二，《史记》多出了乞师前申、伍二人的通问。申包胥指责伍子胥以私仇而灭故国，更掘墓鞭尸，所行悖极天道人伦，定为天所不容；伍子胥对此无言以对，只好无赖似的回应说就要倒行逆施。一来一往，申包胥的正义性显露无遗，而伍子胥则有些理屈词穷。其三，《史记》删去了《左传》文中的“勺饮不入口”等语，而直言“七日七夜不绝其声”，语气上更连贯，且突出了申包胥日夜哭求的坚执不息。其四，《史记》改《左传》“秦哀公为之赋《无衣》”为“秦哀公怜之，曰：‘楚虽无道，有臣若是，可无存乎！’”《无衣》出自《诗经·秦风》，诗云：“岂曰无衣？与子同袍。王于兴师，修我戈矛，与子同仇”，描绘秦人同仇敌忾，出击西戎；哀公赋诗言志，以此表明秦人愿意发兵，共击吴国，情境亦合。但是，太史公意在表彰申包胥的爱国之志，故直接借哀公之口加以颂扬；且以“存”为意，呼应了前文。总之，司马迁的四处改写，突出了申包胥救亡图存、矢志复国的爱国热忱，对其爱国者形象的塑造更加成功。

太史公继承先秦经典中申包胥救存祖国之事，又加以深化，表现了他对爱国保民志士的认可，也是其对此一民族心理形成的贡献。从历史角度来看，救亡图存之举多是直接面向祖国，但在国家关系错综复杂的春秋战国时代，一国之存亡或牵系他国之存亡，所谓唇亡齿寒是也。因此，此一心理有时也表现为对别国的拯救行动，如“信陵君窃符救赵”。清人李晚芳对信陵君行为的本质洞若观火。《读史管见》卷二：

战国四君，皆以好士称，惟信陵之好，出自中心。观其下交岩穴，深得孟氏不挟之旨。盖其质本仁厚，性复聪慧，聪慧则能知人、用人，仁厚则待贤自有一段惓慕不尽之真意，非勉强矫饰者可比，此贤士所以乐为用也。余三君，孟尝但营私耳，平原徒豪举耳，黄歇愈不足道，类皆好士以自为；而信陵则好士以为国也。好士为国，故其得士之效，亦动关乃国之奠定。得侯生而救赵之功成，救赵即救魏也；得毛、薛而救魏摈秦之功成。秦，天下之仇，而魏则祖宗之国也。以信陵之才，自足以存魏、强魏；而所取之士，皆多奇谋卓见，足以赞其存魏、强魏之功。故未任事，则天下畏其贤而多客，不敢窥魏；一任事，能使暴秦辄退走不迭，而天下诸侯皆亲魏。乃两以毁废，此天下之不祚魏也。“竟病酒而卒”五字，太史公痛惜之声，泪溢笔下，即以魏亡缀诸传末，以其有系于魏之存亡也。孟尝、平原、春申，皆以封邑系，独信陵以公子称，明其一心为魏，不失公子之亲；开端连缀三“魏”字，见魏止以信陵重耳。[1]

李晚芳灵心如衡，评骘精微；慧眼如炬，洞悉深奥。她首先指出所谓“战国四公子”好士的本质差别：孟尝君、平原君、春申君三人皆出于“自为”而好士为己，唯有信陵君好士为国！唯其有此真心，故士人乐为之用、愿为之死，而他国因此不敢犯魏。赵、魏一体，强秦为“天下之仇”，故信陵君之救赵，实际上是救魏。司马迁写信陵君抑郁而终后即缀以魏国之亡，是为了表明信陵君一人其实有系于一国之存亡；而独以“公子”称之，则是为了彰显其一心为魏的热情。总之，《魏公子列传》既是纵览战国末期风云变幻的一代之文，也是太史公为胸中得意之人信陵君谱写的一曲赞歌。

三、公尔国尔将相和

公元前 506 年 11 月，吴军攻破楚国郢都，昭王涉睢亡随，申包胥如秦乞师。奇怪的是，无论是《左传》，还是《史记》都没有明确指出申包胥是衔命而求还是自作主张，虽然孑然孤往更能突显其伟岸独拔，但对于爱国主义书写来说，孤独的英雄显然也蕴藉着对现实的反讽，更不足以彰显类群的心理共相。明睿如太史公者，自然深知此理，因此在《廉颇蔺相如列传》中，他为我们描绘了“将相和”的爱国故事。

《廉颇蔺相如列传》虽然是廉颇、蔺相如、赵奢、李牧四个人的合传，但蔺相如毫无疑问是核心人物，廉颇次之，赵奢和李牧仅是附传。蔺相如其人、其行，先秦经、传、子、史竟无一所见，因此有疑其伪者。1981 年 6 月，在吉林省长白朝鲜族自治县发现了一件青铜戈，上刻两处铭文共 16 字，其中一处仅一行 2 字，为“相邦”；另一处三行 14 字，上

1 ［清］李晚芳著、［日］陶所池内校订：《读史管见》卷二，浪华书林、群玉堂翻刻安政三年京都如射书院本，1856，第 48—49 页。

下两行为“卄年丞閔相女，邦左□鹿智，冶阳”，两行中间穿孔下另有一“肖”字。[1] 其中，“閔相女”即“蔺相如”，“肖”即“赵”字。“卄年”即“廿年”，赵惠文王二十年（前279），恰为《史记》所载蔺相如参与渑池之会之年。这件青铜戈不仅证明蔺相如实有其人，而且暗示《史记》的相关记载所来有自，并非向壁虚构。

《史记》始传相如之事，且一传立名，蔚然不朽。可以说，是司马迁“创造”了“蔺相如”及其“故事”。这其中，所谓“完璧归赵”“渑池相会”云云，虽有爱国的底色，但用意还在刻画蔺相如的智与勇。本传论赞曰：“知死必勇，非死者难也，处死者难。方蔺相如引璧睨柱，及叱秦王左右，势不过诛，然士或怯懦而不敢发。相如一奋其气，威信敌国，退而让颇，名重太山，其处智勇，可谓兼之矣！”死亡并非难事，怎样面对死亡才是难事！蔺相如引璧睨柱、斥退左右，以勇气威慑秦王，致全身而退，名震诸侯。不过，就形势而言，此乃处弱势者置之死地而后生的被动策略，生死存亡，实系之于对手一念之间耳！类似情形也见于《战国策·魏策四》所记唐雎按剑服秦王之事，所谓“若士必怒，伏尸二人，流血五步，天下缟素，今日是也”云云[2]，与蔺相如之言实无二致。不过，揆诸情理，这样的故事有些离奇或者说“浪漫”，于形塑人物的智勇不无裨益。司马迁对蔺、廉二人爱国之心的揭示主要体现在“将相和”之事。

本传记载，蔺相如威服秦王后，被拜为上卿，位在廉颇之上，引致其不满。

> 廉颇曰：“我为赵将，有攻城野战之大功，而蔺相如徒以口舌为劳，而位居我上，且相如素贱人，吾羞，不忍为之下。”宣言曰：“我见相如，必辱之。”相如闻，不肯与会。相如每朝时，

1　丁贵民、韩彩霞：《吉林长白朝鲜族自治县发现蔺相如铜戈》，载《文物》1998年第5期，第91—92页。

2　［西汉］刘向集录、范祥雍笺证、范邦瑾协校：《战国策笺证》，上海古籍出版社，2006，第1468页。

常称病，不欲与廉颇争列。已而相如出，望见廉颇，相如引车避匿。于是舍人相与谏曰：“臣所以去亲戚而事君者，徒慕君之高义也。今君与廉颇同列，廉君宣恶言而君畏匿之，恐惧殊甚，且庸人尚羞之，况于将相乎！臣等不肖，请辞去。”蔺相如固止之，曰：“公之视廉将军孰与秦王？”曰：“不若也。”相如曰：“夫以秦王之威，而相如廷叱之，辱其群臣，相如虽驽，独畏廉将军哉？顾吾念之，强秦之所以不敢加兵于赵者，徒以吾两人在也。今两虎共斗，其势不俱生。吾所以为此者，以先国家之急而后私雠也。”廉颇闻之，肉袒负荆，因宾客至蔺相如门谢罪。曰：“鄙贱之人，不知将军宽之至此也。”卒相与欢，为刎颈之交。

不同于蔺相如，廉颇在《史记》之前已见诸载籍。《战国策·赵策三·秦攻赵蔺离石祁拔》记载：“秦败于阏与，反攻魏几，廉颇救几，大败秦师。”[1] 可见廉颇在当时以战功见著。《史记》本传开篇谓：“赵惠文王十六年，廉颇为赵将伐齐，大破之，取阳晋，拜为上卿，以勇气闻于诸侯。”两处文字互为注脚，也是廉颇愤愤不平的伏笔。面对廉颇“必辱之”的誓言，蔺相如却采取避而不见的策略。这不是怯懦，而是基于形势认知下的忍辱负重。二人内讧，必然给强秦可乘之机，于国不利，所以“先国家之急而后私雠也”！其深意如此！廉颇闻言，明其护国之心，遂负荆请罪，成就一段历史佳话，也成就了二人的爱国者形象。李晚芳《读史管见》评论云：

人徒以完璧归赵、渑池抗秦二事，艳称相如，不知此一才辩之士所能耳，未足以尽相如；惟观其引避廉颇一段议论，只知有国，不知有己，深得古人公尔国尔之意，非大学问人，见不到，

1 ［西汉］刘向集录、范祥雍笺证、范邦瑾协校：《战国策笺证》，上海古籍出版社，2006，第 1097 页。

亦道不出，宜廉将军闻而降心请罪也。人只知廉颇善用兵，能战胜攻取耳，亦未足以尽廉颇。观其与赵王诀，如期不还，请立太子以绝秦望之语，深得古人社稷为重之旨。非大胆识，不敢出此言；非大忠勇，不敢任此事。[1]

此论甚恰。司马迁于廉颇扬而抑之，于蔺相如则抑而扬之，而以“负荆请罪”一事为锁纽，转出高潮。二人言言情理，俱由衷出，不惟映发蔺相如以国为先的精神境域，而且彰显廉颇居功之外亦存为国屈己的爱国本心。秦、赵渑池相会之前，廉颇、蔺相如送赵惠文王至边境，廉颇与王诀曰：“王行，度道里会遇之礼毕，还，不过三十日。三十日不还，则请立太子为王，以绝秦望。”此言确乎大胆，甚至有大逆不道之嫌，而廉颇敢于直言，如果不是出于为国的公心，怎会如此？有此大忠大勇在前，则其负荆请罪之举亦顺理成章。太史公写人胸臆，势极曲折，而脉缕不断，超玄入妙，令人心折！

关于廉颇的爱国，后人稍有争议。原因是赵悼襄王时，廉颇离开故国，先后赴魏处楚，并死于楚国寿春。但细观传文，太史公对此并无批评之意。廉颇因赵王让乐乘代替自己，愤而奔魏，此属情有可原；且其居魏时，“赵王思复得廉颇，廉颇亦思复用于赵”，可见赵王并不视其为叛将，反而希望他回国。廉颇也想重新为国所用，因此在使者面前“一饭斗米，肉十斤，被甲上马，以示尚可用”，可惜终为小人所离间，不能归国，只能入楚，但在楚国却声言“我思用赵人”，可见对赵军、故国想望之深。所以，廉颇最终客死于楚的悲剧肇因乃在赵王的不智和任人唯亲，当然廉颇本人冲动的个性也是原因之一，但这并不能掩盖他的爱国之心。

《廉颇蔺相如列传》以廉颇开篇，蔺相如紧随其后，然后以蔺相如为一传之轴，凿空而写其智勇，曲折而写其爱国，其间分合串序，再现廉颇

---

1 ［清］李晚芳著、［日］陶所池内校订：《读史管见》卷二，浪华书林、群玉堂翻刻安政三年京都如射书院本，1856，第 73—74 页。

之忠勇，由此，蔺相如、廉颇作为爱国者的经典形象跃然而出，成为中华民族爱国心灵史上的精彩华章。

四、凿空通问博望侯

《史记》会通子史，勾勒先进，承前而衍；也烛照当代，启后而立。其对爱国之士的阐扬亦如是。《太史公自序》：“汉既通使大夏，而西极远蛮，引领内乡，欲观中国。作《大宛列传》第六十三。”可见，《大宛列传》的目的是叙写汉王朝与西方诸国的交往，突出双方通问之后，西方诸国对中国文化的倾慕。而通使互动的功臣是张骞，所以，本传首句即云：“大宛之迹，见自张骞。”“见自”二字，表彰了创始之功，与文中“凿空”二字互为表里。以今视之，张骞可谓中西交流史上“第一人”，于中华民族居功厥伟。

然而，长期以来，很多学者因为《大宛列传》中穿插了汉武帝的私心妄念、好大喜功等负面描写（多数是在张骞死后），而恨屋及乌，否定张骞及其出使西域的功绩。凌稚隆《史记评林》卷一百二十三曰：“自骞既失侯至骞之他旁国一段，与上天子既闻大宛一段暗相应，盖前推武帝好大喜功之心，故欣然以骞言为然，遣使四出；后原张骞失位怏怏，遂致逢君之欲，而拜将中郎。君臣病根，总来只一贪字为累，便贻国家无穷之戚，如是太史公若隐而不发，其意了然。”[1] 茅坤《史记钞》云：“大宛以西，始末如画；而汉武穷兵实录，犹可揽涕。大宛事以张骞身没后几十余年而始举，迁特恶骞始倡，故通篇精神归骞一人。”[2] 汉武帝遣使出访西域，确有好大喜功的成分，但沟通中外、开疆拓土的历史功绩不能轻忽，归之“贪”实在是一叶障目；进而以此苛责张骞，并言“迁特恶骞始

1 ［明］凌稚隆辑校、［明］李光晋增补、［日］有井范平补标：《补标史记评林》卷一百二十三，兰台书局，1968，第 6 页。

2 ［明］茅坤：《史记钞》卷八十七，哈佛大学藏明泰昌元年乌程闵氏刊朱墨套印本，第 1 页。

倡”，更是诛心之论。

如前所论，太史公斯篇之意或寓讥刺，但绝非全盘否定；相反地，表彰张骞爱国之意甚明。《大宛列传》第一部分即详述张骞出使西域之由及其艰险。

> 汉方欲事灭胡，闻此言，因欲通使。道必更匈奴中，乃募能使者。骞以郎应募，使月氏，与堂邑氏胡奴甘父俱出陇西。经匈奴，匈奴得之，传诣单于。单于留之，曰：“月氏在吾北，汉何以得往使？吾欲使越，汉肯听我乎？”留骞十余岁，与妻，有子，然骞持汉节不失。
>
> 居匈奴中，益宽，骞因与其属亡乡月氏，西走数十日至大宛。大宛闻汉之饶财，欲通不得，见骞，喜，问曰：“若欲何之？”骞曰：“为汉使月氏，而为匈奴所闭道。今亡，唯王使人导送我。诚得至，反汉，汉之赂遗王财物不可胜言。”大宛以为然，遣骞，为发导绎，抵康居，康居传致大月氏。大月氏王已为胡所杀，立其太子为王。既臣大夏而居，地肥饶，少寇，志安乐，又自以远汉，殊无报胡之心。骞从月氏至大夏，竟不能得月氏要领。
>
> 留岁余，还，并南山，欲从羌中归，复为匈奴所得。留岁余，单于死，左谷蠡王攻其太子自立，国内乱，骞与胡妻及堂邑父俱亡归汉。汉拜骞为太中大夫，堂邑父为奉使君。
>
> 骞为人强力，宽大信人，蛮夷爱之。堂邑父故胡人，善射，穷急射禽兽给食。初，骞行时百余人，去十三岁，唯二人得还。

张骞首次出使西域，是在汉武帝建元三年（前 138），目的是沟通大月氏等国，联合灭胡，这是国家大义。值得注意的是，张骞的出使并非出于国家强令，而是以“郎”的身份“应募”成行。“郎”即“郎中”，亦称“侍中”，是皇帝的近卫官，也常常被派遣出使，代表皇帝宣达诏令或巡视地方。司马迁年轻时就曾以此身份直接“奉使西征巴、蜀以南，南略邛、笮、昆明”。但是，建元三年出使大月氏，“道必更匈奴中”，朝廷意识到此行极其凶险，所以不是直接派遣，而是“募能使者”。张骞明知此行之艰险，却毅然决然，应募而使。这不是勇决之志和爱国之心使然吗？文中又明确说，张骞“宽大信人，蛮夷爱之”。此情此性，怎可以“贪”“致逢君之欲”厚诬先贤？

张骞出使之后，果然如预料那样被匈奴扣押，滞留异域长达十余年，但他“持汉节不失”![1]“汉节”是使臣的标志，也是国家的象征。张骞持节不失，不也是爱国之心使然吗？尽管在匈奴已经娶妻生子，但张骞一直没有忘记使命，后来寻机逃出匈奴，终于抵达大月氏和大夏等国。使命未达预期后，张骞只好返回汉邦，孰料中途又被匈奴所得。如此，反反复复，九死一生，前后十三年，当初随张骞出使的百余人，仅有二人得返。由此可见张骞初次出使西域之困厄艰险，没有爱国热情的支撑是很难做到这些的。

元狩六年（前117），汉武帝任命张骞为中郎将，命其再次出使西域。此番出使规模远甚前次，成效亦彰，西域诸国对汉了解日深，也愈加亲近。

> 骞因分遣副使使大宛、康居、大月氏、大夏、安息、身毒、于窴、扜罙及诸旁国。乌孙发导译送骞还，骞与乌孙遣使数十人，马数十匹报谢，因令窥汉，知其广大。
>
> 乌孙使既见汉人众富厚，归报其国，其国乃益重汉。其后岁余，骞所遣使通大夏之属者皆颇与其人俱来，于是西北国始通于汉矣。然张骞凿空，其后使往者皆称博望侯，以为质于外国，外国由此信之。

---

1 关于张骞滞留匈奴及其行迹，与《汉书·李广苏建传》中苏武之事多有相类，故古今有不少学者颇疑《史记·大宛列传》为后人补写，非太史公原文。但是，目前尚无确凿证据证明此论。相关讨论可参徐朔方先生的论文《评〈史记·大宛列传〉的真伪问题》。[《杭州大学学报（哲学社会科学版）》1995年第4期，第104—105页]

由上可见，张骞出使西域打通了汉朝和西域的交往渠道，增进了了解与互信，一方面为汉王朝的长治久安作出了极大贡献，另一方面又促进了民族融合，并在历史的层面上开创了中西交往的新格局，此点尤其重要。从这个意义上说，张骞出使的意义是超越时空的，其勋业是永垂不朽的。司马迁借张骞及其同仁而展现的爱国精神更具创造性和当代意义——如何在对外交流中保持民族气节、为人民和国家争取更大利益，是爱国主义的另一个侧面。

五、输财助国有卜式

顾炎武《日知录》卷十三《正始》有言谓："有亡国，有亡天下，亡国与亡天下奚辨？曰：易姓改号，谓之亡国；仁义充塞，而至于率兽食人，人将相食，谓之亡天下。……是故知保天下，然后知保其国。保国者，其君其臣，肉食者谋之；保天下者，匹夫之贱，与有责焉耳矣。"[1]顾炎武所谓"亡国"是指"易姓改号"，即一朝一姓政权的旁落，保护这种国是帝王及其家臣的责任；"亡天下"是指礼崩乐坏，世风浇漓，社会道德普遍沦丧，维护此一礼法秩序是全天下人的责任。顾炎武区分了"国家"和"天下"两个概念，但这并不妨碍后人从中凝练出"天下兴亡，匹夫有责"的概念并将其内涵指向爱国主义。[2]

在先秦经典中，《左传》所载"弦高存郑"之事堪为此一概念的经典诠释。《僖公三十三年》记载：

> 三十三年春，秦师过周北门，左右免胄而下，超乘者三百

---

1 ［清］顾炎武著，黄汝成集释，栾保群、吕宗力校点：《日知录集释（全校本）》，上海古籍出版社，2006，第756—757页。

2 "天下兴亡，匹夫有责"过去多认为是梁启超在1915年写的《痛定罪言》中的概括（《饮冰室合集·文集》之三十三），但根据最新研究，目前可知其最早的出处是清代嘉庆四年（1799）出版、署名"空空主人"的《岂有此理》一书。该书首篇《难"天下兴亡匹夫有责"》首句即云："亭林先生曰：'天下兴亡，匹夫有责。'"（详参黄珅《"天下兴亡，匹夫有责"析》，载《文汇报》2012年5月7日《文汇学人》栏）

乘。王孙满尚幼，观之，言于王曰：“秦师轻而无礼，必败。轻则寡谋，无礼则脱。入险而脱，又不能谋，能无败乎?”

及滑，郑商人弦高将市于周，遇之，以乘韦先，牛十二犒师，曰：“寡君闻吾子将步师出于敝邑，敢犒从者。不腆敝邑，为从者之淹，居则具一日之积，行则备一夕之卫。”且使遽告于郑。郑穆公使视客馆，则束载、厉兵、秣马矣。使皇武子辞焉，曰：“吾子淹久于敝邑，唯是脯资、饩牵竭矣，为吾子之将行也，郑之有原圃，犹秦之有具囿也，吾子取其麋鹿，以间敝邑，若何?”杞子奔齐，逢孙、杨孙奔宋。孟明曰：“郑有备矣，不可冀也。攻之不克，围之不继，吾其还也。”灭滑而还。[1]

这个故事后来也出现在《吕氏春秋》《淮南子》等文献中。宋代洪迈《容斋续笔》卷十第十一则《天下奇士》：“天下未尝无魁奇智略之士，当乱离之际，虽一旅之聚，数城之地，必有策策知名者出其间，史传所书尚可考也。郑烛之武、弦高从容立计以存其国。”[2] 此文将弦高视为“魁奇智略之士”，并颂扬了他计存郑国的爱国行为。

《史记》也记载了此事，但极为简略。《晋世家》曰：

郑人或卖其国于秦，秦缪公发兵往袭郑。十二月，秦兵过我郊。襄公元年春，秦师过周，无礼，王孙满讥之。兵至滑，郑贾人弦高将市于周，遇之，以十二牛劳秦师。秦师惊而还，灭滑而去。

又，《郑世家》云：

缪公元年春，秦缪公使三将将兵欲袭郑，至滑，逢郑贾人弦高诈以十二牛劳军，故秦兵不至而还，晋败之于崤。

---

1 杨伯峻：《春秋左传注（修订本）》，中华书局，1990，第494—496页。

2 ［宋］洪迈著、穆公校点：《容斋随笔》，上海古籍出版社，2015，第227页。

司马迁用“诈”来描述弦高的行为，或许暗示他对此事怀有疑虑。太史公虽好“奇”，但以区区十二头牛吓退万千大军，实在过于荒诞。《淮南子·泰族训》曰：“弦高诞而存郑，诞不可以为常。”[1] 不过，这并不意味着司马迁不相信普通人的爱国热情，《平准书》中即着力描写了一个主动输财急国难的普通牧羊人卜式。

> 初，卜式者，河南人也，以田畜为事。亲死，式有少弟，弟壮，式脱身出分，独取畜羊百余，田宅财物尽予弟。式入山牧十余岁，羊致千余头，买田宅。而其弟尽破其业，式辄复分予弟者数矣。是时汉方数使将击匈奴，卜式上书，愿输家之半县官助边。天子使使问式：“欲官乎？”式曰：“臣少牧，不习仕宦，不愿也。”使问曰：“家岂有冤，欲言事乎？”式曰：“臣生与人无分争。式邑人贫者贷之，不善者教顺之，所居人皆从式，式何故见冤于人！无所欲言也。”使者曰：“苟如此，子何欲而然？”式曰：“天子诛匈奴，愚以为贤者宜死节于边，有财者宜输委，如此而匈奴可灭也。”使者具其言入以闻。天子以语丞相弘。弘曰：“此非人情。不轨之臣，不可以为化而乱法，愿陛下勿许。”于是上久不报式，数岁，乃罢式。式归，复田牧。岁余，会军数出，浑邪王等降，县官费众，仓府空。其明年，贫民大徙，皆仰给县官，无以尽赡。卜式持钱二十万予河南守，以给徙民。河南上富人助贫人者籍，天子见卜式名，识之，曰“是固前而欲输其家半助边”，乃赐式外繇四百人。式又尽复予县官。是时富豪皆争匿财，唯式尤欲输之助费。天子于是以式终长者，故尊显以风百姓。

卜式出身贫寒，早失双亲，而以善牧羊致富。汉武帝远击匈奴，卜式主动上书，愿意捐出半数家产助边抗敌。崇尚功利、轻视礼义的汉武帝不

1 ［明］刘绩补注、陈广忠校理：《淮南鸿烈解》，黄山书社，2012，第 562 页。

敢相信，认为卜式一定是有所求，连番遣使追问，但是卜式既不求官，也无冤屈，纯粹出于爱国热忱。他说“贤者宜死节于边，有财者宜输委，如此而匈奴可灭”，这正是“天下兴亡，匹夫有责”的最佳写照！然而，九五之尊的帝王还是怀疑他，于是和丞相公孙弘商量。公孙弘是被同僚汲黯视为智足饰奸、取容当世的伪诈之人，他自然更不相信卜式，立即以“此非人情”拒之。武帝与公孙弘君臣二人看似洞察世情、了然人心，但他们久居高位、玩弄谋略，都忘记了、也不会理解——在这个世界上，永远都有不求回报而一任纯心的人。庙堂之人和匹夫草民的心理差异不仅是认知鸿沟的必然结果，更是天道人性的存否使然。可贵的是，卜式的爱国之心并不因朝廷的怀疑而有丝毫改变。后来他又持钱二十万，帮助地方政府安居移民。太史公特意写道，当时“富豪皆争匿财，唯式尤欲输之助费”，两形相较，高下立判。武帝也终于明白了卜式的一片赤诚，尊之为“长者”。清末随州人佘华祝《品枣山房诗草》中有《卜式》一诗：“卜式家河南，输财助边饷。天下匿私囊，义举独浩荡。问尔或欲官？问尔何曲枉？式不求雪冤，式不愿论赏。愈辞受愈坚，君心真惝恍。后封关内侯，初授左庶长。以饵投汉廷，以爵荣宗党。应得致富方，龙断市利罔。随地操奇赢，计算如指掌。大贾息倍三，实来先虚往。愧不习文章，虽贬犹倜傥。式曾责弘羊，鼎镬烹不爽。负贩罪亦同，孝友行堪仰。”[1] 据史乘概述卜式义举善行，颂扬了其高情正德。

关于卜式输财助边之举，古今不少学者认为是其诈术。清代李晚芳《读史管见》卷二引用明代学者徐孚远之言曰：“式深知人主意，故为钓奇也，卒用此术得侯。”[2] 嘉靖年间学者陈文烛的批评更具代表性。他说：

---

1 ［清］佘华祝著、李虎注释：《品枣山房诗草注释》，载《随州文史资料》第四辑，随州市政协学习文史资料委员会编印，2004，第 410—411 页。

2 ［清］李晚芳著、［日］陶所池内校订：《读史管见》卷二，浪华书林、群玉堂翻刻安政三年京都如射书院本，1856，第 7 页。不过，李晚芳在书中并未指明此言出自徐孚远，李书常有此例。另，他书引徐氏此言，略有差异：“式深知人主意，故为钓奇也，其后用此术，卒以得侯。”（参［明］凌稚隆辑校、［明］李光缙增补、［日］有井范平补标《补标史记评林》卷三十，兰台书局，1968，第 7 页）

> 卜式输财助边，论者韪之。余谓式之输财，非能舍其财也；其愿死也，非能舍其身也；帝与之官而辞，与之粟而散者，皆非其情也。其后四十户之封则受之不辞，九卿之命则居之不疑，卜式之心于兹见矣。式非廉于前而贪于后也，非勇于前而怯于后也。吾直失于前而取偿于后，则数千财之失非真失，而数十家之封乃真得也。吾以愿死得官，而后以不死居官，是以伪死而得生富贵也。式之心，何其心？式之智，何其智耶？且式亦何以知帝可以术诱也？卫青获虏则侯之，张骞事夷则侯之，式早已见而豫拟之矣。老子曰："将欲取之，必固予之。"卜式者特得老氏之术，而始终善用之耳。公孙弘谓其"不近人情，不轨之臣"，当矣！[1]

此说上溯老子而衡之公孙弘，纯以人情私心猜度而不质诸事证，认定卜式是洞察人君之心、娴于攀龙之术的阴谋家，可谓诛心之论！卫青征伐匈奴、张骞出使西域，皆是九死一生之事，于国于民，功莫大焉，封侯是理所当然。若区区输财即能获封为侯，则天下为侯者不知凡几！卜式心智果若深密，又怎会不虑及至此？事实上，纵观《平准书》全篇，太史公未尝非式。

《平准书》写得很清楚，卜式为官，从中郎到缑氏令、成皋令再到齐王太傅，并非一蹴而就，而是依靠卓越的政见和政绩获得汉武帝的信任后逐步升迁。元鼎五年（前112），南越吕嘉反。卜式上书陈情：

> "臣闻主忧臣辱。南越反，臣愿父子与齐习船者往死之。"天子下诏曰："卜式虽躬耕牧，不以为利，有余辄助县官之用。今天下不幸有急，而式奋愿父子死之，虽未战，可谓义形于内。赐爵关内侯，金六十斤，田十顷。"布告天下，天下莫应。列侯

1 ［明］凌稚隆辑校、［明］李光缙增补、［日］有井范平补标：《补标史记评林》卷三十，兰台书局，1968，第7—8页。

以百数，皆莫求从军击羌、越。至酎，少府省金，而列侯坐酎金失侯者百余人。乃拜式为御史大夫。

卜式即使为官，其助国之心亦不改，主动请求与儿子征调船只讨伐叛臣。汉武帝对此大为赞赏，赐爵重赏，同时布告天下以为楷模。但是，“天下莫应”，“列侯以百数，皆莫求从军击羌、越”。此情此景，令武帝愈发觉得卜式深明大义，遂将其拔擢为御史大夫，位居九卿之列。值得注意的是，司马迁关于卜式此任作为，只写了一件事。元鼎六年（前111），卜式“见郡国多不便县官作盐铁，铁器苦恶，贾贵，或强令民卖买之。而船有算，商者少，物贵，乃因孔仅言船算事。上由是不悦卜式”。卜式直指汉武帝极力支持的“均输调盐铁助赋”等国策给民众带来的伤害，因此触怒了武帝。第二年（元封元年，前110）武帝以不习文物典章为由将其贬为太子太傅。可见，卜式并不是趋炎附势、曲己逢迎之辈，其初心确实不在求官。

《平准书》一篇，更以卜式之言作结。“是岁小旱，上令官求雨，卜式言曰：‘县官当食租衣税而已，今弘羊令吏坐市列肆，贩物求利。亨弘羊，天乃雨。’”这是太史公的曲笔。借卜式之言凸显桑弘羊彰显盐铁官营、均输平准等政策之害，既展现了司马迁对平准之失的痛心疾首，也表明对卜式远见卓识的钦佩。所以，认为太史公将卜式塑造为沽名钓誉、输钱换爵之人的说法是没有道理的，也是逾越文本的过度诠释。

司马迁在《平准书》中引用了汉武帝对卜式的评价：“上以为式朴忠”，即朴实忠诚，对汉武帝而言，所谓的忠诚自然是指向自己的，是臣对君、民于君的忠诚。司马迁在武帝、公孙弘君臣的反复怀疑与试探中着意呈现了卜式不同寻常的“忠诚”——不求官、不申冤而一心助国。就此而言，“朴忠”可以解读为“朴素的忠诚”。这也表明，爱国意识在此际已内化为民众的本心之一，不待鼓动而自明，不求回报而自发。

从抵御外侮、安邦定国到存亡继绝、复国安民，再到凿空通问、输财助国，从帝王将相到市井细民，从稳固本邦到放眼天下，司马迁对爱国主义的塑写无疑既具有总结性，又显示开拓性，全面呈现了中华民族早期的爱国心灵史。

第三章

《史记》中的「帝王将相之心」

第一节
仁爱为公还是贪虐为私：历史兴衰隆替中的帝王心怀

《汉武帝》

（宋·释智圆《闲居编》卷四七）

酷矣秦皇灭，荒哉汉武还。将军封五利，神药访三山。
重色为金屋，穷兵过玉关。岂知尧舜道，千古在人间。

在《史记》的类群心态描画中，帝王这一特殊群体的心态首先应值得我们关注。在中国的社会进程中，帝王及其心理对历史的发展有着特殊的作用，有时候历史甚至会因他们的某种意念而改变前行的方向，这在封建君主专制体制下尤为突出。司马迁透过十二本纪，“通古今之变”，稽考历史治乱兴亡和王朝隆替变幻之理，虽然还不能了解国家建立和王朝兴衰的本质，但已注意到改朝换代的最明显标志是帝王的更迭，因此，他特别关注帝王个体行为在国家兴衰中的作用。同时，他把笔触深入到历代帝王的内心，揭示出帝王们的品性、好恶、欲望及其对历史的深刻影响。值得注意的是，在《史记》的结构及历史叙述中，以《秦本纪》为历史的界碑，中国社会的政治体制实际上发生了很大的变化。此前的中国社会尽管已经有等级制和专制的存在，但天子的权力受到一定程度的制约，可以说是处于原始的民主集中制时期；而在历史进入秦以后，君主专制政体得以确立，这种政治体制的实质就是帝王是至高无上的主宰者，独享国家的一切权力，具有无可比拟的权威。因此，随着这一政体的日益完善，帝王天子的权力也日趋膨胀。政治体制的变化和最高权力的日益集中而不能受到制衡必然会对帝王心理产生深刻影响。司马迁虽然还不能认识到这一点，但他已然意识到古今帝王在心理上的巨大反差。通过司马迁着意刻画的远古时代的黄帝、颛顼、帝喾、尧、舜五位帝王的心态和当代之高祖、孝文、孝景、孝武四位天子的心理，我们可以比较清晰地看出太史公对帝王这一类群的心理的描画及其心目中的理想帝王形象。

一、仁爱为公的"上古五帝"

司马迁笔下的"五帝"给人最突出的印象就是他们都注重自身的道德修养，且都有一颗仁德之心。《五帝本纪》记载，黄帝之时，"诸侯相侵伐，暴虐百姓"。于是，黄帝"修德振兵"，讨伐危害民生的蚩尤、炎帝。先"修德"再"振兵"，"天下有不顺者，黄帝从而征之，平者去之"，表明黄帝并不崇尚以暴制暴，而期待以德服人。颛顼"静渊以有谋"，他治天下是"养材以任地，载时以象天，依鬼神以制义，治气以教化，洁诚以祭祀"，可见其以仁德治民之心。帝喾亦是如此："仁而威，惠而信，修身而天下服。"帝尧"富而不骄，贵而不舒"，且"能明驯德，以亲九族"。帝舜的仁德之心更是突出。他的父亲、后母和异母弟象对他非常恶劣，几次设计要杀死他，但舜并不介怀，反而"顺事父及后母与弟，日以笃谨，匪有解"。这对一般人来说是很难做到的事，足见其仁德之心非常人可比。尧欲让舜继其位，考察期满后，尧很满意，准备让他"登帝位"，但"舜让于德不怿"，也就是认为自己的德望还不够而推辞。只有具备了仁德之心的人才能做天子，这似乎是那个时代的共识。与仁德之心相联系的是执政为民的公心。为天下苍生谋福利，这也是"五帝"的另一共同心性。

黄帝在征讨暴虐之前，"治五气，艺五种，抚万民，度四方"，战时"披山通道，未尝宁居"，战后建设时期又"劳勤心力耳目，节用水火材物”，可见其时刻把“民”放在心上。帝喾“普施利物，不于其身”，又“顺天之义，知民之急”，说明了他毫不利己、专门利民之心。尧、舜更是以天下为公的典型。尧“敬道日出，便程东作”，全心全意督导民众春耕秋收。舜帝针对具体情况，制定了各种措施，将为民谋利益之心落到实处——因“黎民始饥”而命弃为农官“播时百谷”，因担心“百姓不亲”而任契为司徒“敬敷五教，在宽”，因需了解民众的心声而用龙“纳言”以使下情能及时上达。当然，最能体现他们以天下为公之心的是他们传贤不传子的举动：

> 尧知子丹朱之不肖，不足授天下，于是乃权授舜。授舜，则天下得其利而丹朱病；授丹朱，则天下病而丹朱得其利。尧曰“终不以天下之病而利一人”，而卒授舜以天下。
>
> 舜子商均亦不肖，舜乃豫荐禹于天。

这种崇高而无私的举动，折射出远古帝王以天下为公的内心世界。此即《礼记·礼运》所言：“大道之行也，天下为公，选贤与能，讲信修睦。”孔颖达疏曰：“‘天下为公’，谓天子位也。为公，谓揖让而授圣德，不私传子孙，即废朱、均而用舜、禹是也。”[1]

《五帝本纪》同时描述了“五帝”治下河清海晏、万姓胪欢的局面。颛顼之时，“动静之物，大小之神，日月所照，莫不砥属”；帝喾之时，“日月所照，风雨所至，莫不从服”；尧之时，“九族既睦，便章百姓。百姓昭明，合和万国”；舜之时，“民各伏得其实”“上下咸让”“百谷时茂”“百姓亲和”，甚至“凤皇来翔”。总之，“五帝”之时只见其盛而未见其衰，只见其治而未见其乱。这自然是太史公有意选择资料或叙写的结果，其用意也不言自明。

作为开宗明义的“史中之经”，《五帝本纪》所揭示出的“五帝”心

---

1 ［汉］郑玄注、［唐］孔颖达疏：《礼记正义》，《十三经注疏》本，中华书局，1980，第1414页。

理及其光风霁月的政局，蕴含了极为深刻的启示意义。它寄寓了司马迁理想中的帝王形象及其基本特征——仁德和以天下为公，同时也提供了评判后世帝王的标准。若据此来审视汉初诸帝，便可见一幅迥异的帝王心态图。

二、贪虐为私的“前汉四帝”

刘邦是汉代的开国之君。司马迁对他善于纳言用人等优点给予了肯定，但同时也揭露了他的无赖习气和“私天下”心理。刘邦少时是一个“不事家人生产作业”的闲汉，做了泗水亭长后，又“好酒及色”。狡黠是他的心性之一。据《高祖本纪》记载，有一次，沛县县令家来了贵客，众豪绅皆往送礼祝贺，规矩是“进不满千钱，坐之堂下”，刘邦诈称“贺钱万，实不持一钱”而得以上坐，活脱脱一个狡诈无赖的乡间流氓。又据《楚元王世家》记载，刘邦还没有发迹时，“时时与宾客过巨嫂食。嫂厌叔，叔与客来，嫂详为羹尽，栎釜，宾客以故去。已而视釜中尚有羹，高祖由此怨其嫂”。他称帝后，迟迟不封其嫂之子，后来竟以“羹颉侯”的讽刺性爵号封之。这完全是出于狭隘自私的报复心理。楚汉战争中，项羽曾以烹刘邦父亲来要挟他，刘邦泰然自若，说：“吾与项羽俱北面受命怀王，曰‘约为兄弟’，吾翁即若翁，必若烹而翁，则幸分我一杯羹。”这是多么自私而残忍的无赖哲学啊！流氓通常又是傲慢无礼之徒。《张丞相列传》又载，周昌“尝燕时入奏事，高帝方拥戚姬，昌还走，高帝逐得，骑周昌项，问曰：‘我何如主也？’昌仰曰：‘陛下即桀纣之主也。’于是上笑之”。滑稽之中，洋洋自得而又傲慢无礼的心理暴露无遗。类似的描画还有很多。总之，司马迁笔下的刘邦充满了狡黠侮慢和自私狭隘等心性，但司马迁更多的是揭露了他对权势的贪慕与“私天下”心理。

《高祖本纪》载，刘邦服役咸阳时，有一次看到秦始皇出游，于是大叹：“嗟乎！大丈夫当如此也！”又，《刘敬叔孙通列传》载，当了皇帝的刘邦在第一次朝仪表演时，看到群臣“无敢欢哗失礼”的情景，得意地说：“吾乃今日知为皇帝之贵也。”从对皇帝声威的羡慕向往到对天子威严的切身体验，刘邦情不自禁的背后是对皇权及其所带来的无上尊荣的满足和惊喜。所以，当有人要对这一尊荣表示维护和宣扬时，他会欣然接受。《高祖本纪》载，有一次，刘邦以父子之礼拜见其父太公，太公的家令看见后，认为此举不妥，就对太公说：“天无二日，土无二王。今高祖虽子，人主也；太公虽父，人臣也。奈何令人主拜人臣！如此，则威重不行。”太公认为他的话很有道理，从此便以人臣之礼进见刘邦。刘邦得知事情的原委后，“心善家令言，赐金五百斤”。高祖八年，萧何负责营建未央宫，刘邦“见宫阙壮甚，怒”。萧何说：“且夫天子以四海为家，非壮丽无以重威，且无令后世有以加也。”刘邦听后，“乃说”。太公家令和萧何都抓住天子之“威”进行劝导，刘邦即“善”“说”，可见其重威贪荣之心。皇权之所以能带来无上的荣耀和满足感是因为它具有独占性和唯一性，因此，任何染指的企图都会被严加防范和打压，遑论实际行动了。《吕太后本纪》载，刘邦登位后，大封同姓王，并与大臣约定：“非刘氏而王，天下共击之”。《礼记·礼运》言：“今大道既隐，天下为家。各亲其亲，各子其子，货力为己。”孔颖达疏曰：“‘天下为家’者，父传天位与子，是用天下为家也。”[1] 这就是说，此举暴露了刘邦“家天下”的心理。刘邦即位后逐步消灭功臣和韩信、黥布等异姓王的行动是这一心理的直接结果，此一心理在未央宫的落成庆祝宴会上表现得更为露骨。君臣宴乐之时，刘邦对其父说：“始大人常以臣无赖，不能治产业，不如仲力。今某之业所就孰与仲多?”这是一个志得意满的无赖赤裸裸的“宣言”：当今天下乃我刘某人之天下，而非他人之天下，更非万民之天下。因此，“某之业”不惟是“家天下”心理的体现，更是“私天下”心理的显证。

1 ［汉］郑玄注、［唐］孔颖达疏：《礼记正义》，《十三经注疏》本，中华书局，1980，第1414页。

“某之业”也标志着“上古五帝”天下为公之心在这类君王身上的彻底泯灭。李晚芳《读史管见》总论刘邦说：

> 《高纪》字字写帝王气象，豁达大度，涵盖一切。前虚叙，后实写。前如慢易诸吏、丰西纵徒、斩蛇、沛中多附；后如南宫置酒、未央上寿、沛中留饮，处处画出豁达大度，病甚却医，至死亦不失本色，语语入神。两纪分读，各有其妙；合读，共见其妙。故读《高纪》，不可不读《项纪》。[1]

这显然是为尊者讳的偏护之词。即如“未央上寿”“某之业”之言虽是太史公婉笔，却意蕴著明，既揭露了刘邦斤斤于其父前斥，又映照出其私天下之心。如斯之人，何来“豁达大度”？刘邦的“本色”即使不是侮慢无赖，也绝不是“豁达大度”！对于刘邦之心，“菉猗女史”李晚芳提醒读者要合《高祖本纪》《项羽本纪》而观之，却忘了更应该合《楚元王世家》《刘敬叔孙通列传》诸篇而见之。总之，在司马迁的笔下，刘邦虽然知人善任、知错能改、知短纳谏，但更是一个贪慕权势、自私狭隘、狡黠侮慢的流氓。这样的人能取得天下，太史公也觉得不可思议。他在《秦楚之际月表》中说：“五年之间，号令三嬗。自生民以来，未始有受命若斯之亟也。”虞夏之兴，积善累功数十年；汤武之王，修仁行义十余世；秦之一统，亦历时百余载。“以德若彼，用力如此，盖一统若斯之难也”，那为什么无论德行还是能力都比不上前人的刘邦可以这么快地统一天下呢？“岂非天哉？岂非天哉？”此一重复语调的感叹既是不解，同时也暗示了对刘邦德行的讥刺和否定。

较之刘邦，司马迁对汉文帝似乎称誉甚多。《孝文本纪》记载了文帝一系列的仁行德政，如除肉刑、废苛法、亲率耕、免赋税等。本纪论赞曰：“汉兴，至孝文四十有余载，德至盛也。廪廪乡改正服封禅矣，谦让

1 ［清］李晚芳著、［日］陶所池内校订：《读史管见》卷一，浪华书林、群玉堂翻刻安政三年京都如射书院本，1856，第36页。

未成于今。呜呼，岂不仁哉！”评价不可谓不高。然而，作为一位真诚而敏锐的史学家，司马迁对这位“仁德”之君的其他行为以互见法作了“实录”，从而让后人得以从中窥见汉文帝较完整而真实的内心世界。《佞幸列传》载，宦官邓通，一无所能，“独自谨其身以媚上而已”，但文帝却如获至宝，对他“尊幸之日异”，“赏赐通巨万以十数，官至上大夫”，并且“时时如邓通家游戏”。后来有善相者说邓通最终“当贫饿死”，文帝听到后说：“能富通者在我也，何谓贫乎？”于是“赐邓通蜀严道铜山，得自铸钱，‘邓氏钱’布天下”。斯言斯行清楚地表明在汉文帝的意识里，天下乃一己之私物，可以听凭自己的喜好任意处置。“私天下”的心态与其父刘邦一脉相承。据《张丞相列传》载，为了迎合帝心，“鲁人公孙臣上书言汉土德时，其符有黄龙当见”。文帝立即下诏讨论，但“明习天下图书计籍”“尤善律历”的丞相张苍“以为非是，罢之”。文帝因此不喜张苍。不久，谄臣们谎称在成纪真有黄龙出现。于是，“文帝召公孙臣以为博士，草土德之历制度，更元年”。恰在此时，张苍曾保举的一官因行为不检被捕，文帝即借此将苍罢相。在这一事件中，张苍忤逆上意是其丢官的最主要原因，于此亦可反观文帝的专制心态。“私天下”的外在表现是父子相传、兄弟相及，而其内在实质则是独占和专权。帝王心态因“私天下”而专制，其实也是封建集权体制内在合乎逻辑的发展和必然结果。

对于汉景帝，今本所传的《史记·孝景本纪》中并未写其功业，只详记了七国之乱，但人们在其他相关传记中仍能见其行径和心态。《张释之冯唐列传》载，张释之曾弹劾过当时还是太子的景帝，他即位后，嘴上说不责怪张释之，但一年后，便找借口把张外调为淮南王相。司马迁在记“景帝不过也”之后，紧接着说“犹尚以前过也”，巧妙地揭穿了汉景帝的口是心非和刻薄寡恩，也表达了自己的讽刺之意。更突出的是，司马迁如实记录了汉景帝的专制心态。据《绛侯周勃世家》载，景帝欲立皇后之兄王信为侯，但丞相周亚夫依照刘邦当年订立的“非刘氏不得王，非有功不得侯"的规矩加以反对，景帝"默然而止"。不久，景帝请周亚夫吃饭，却"独置大胾，无切肉，又不置箸"，并"视而笑曰：'此不足君所乎？'"周亚夫告退，"景帝以目送之，曰：'此怏怏者非少主臣也！'"后来，周亚夫因其子买甲楯五百具准备为他随葬而被诬欲反，面对刀笔吏的审问，他拒不回答。景帝得知后，骂道："吾不用也。"于是刀笔吏再审，周亚夫说："臣所买器，乃葬器也，何谓反邪？"刀笔吏说："君侯纵不反地上，即欲反地下耳。"周亚夫愤而绝食，"呕血而死"。周死后，"景帝乃封王信为盖侯"。其实，在此事前后，还发生过周亚夫反对景帝废栗太子和不同意封由匈奴降汉的徐卢等人为侯这两件事。整个事件中，景帝刻薄自私、恣意妄为的心理跃然纸上，但仔细推究起来，周亚夫之死实乃景帝专制心理所致。察周亚夫所反对之事，可以发现他都是有理有据的，且在其职权之内。然而，景帝却对他或"疏之"，或"免相"，或故意刁难，最后竟授意刀笔吏以"欲反地下"的罪名加以迫害，终致其绝食而亡。景帝这样做的根本原因在于周亚夫忤逆其意，冒犯了他作为皇帝的绝对权威。在传统集权体制下，君主决定一切，其专制意志不容侵犯，周亚夫的悲剧就在于他未能看透这一点。

汉代诸帝中，司马迁对汉武帝的揭露、批判和讽刺可以说最多。在《孝武本纪》中，司马迁一方面对汉武帝迷信方术、追求长生不老等愚蠢昏聩的举动进行了实录，另一方面对其"私天下"和专制的心态也予以多层次的观照。残酷暴虐，此其一。据《平准书》记载，武帝之时，法网日密。有"见知之法"，吏民见到非毁法令而不检举者即视为故纵；又有"废格沮诽穷治之狱"，诽谤或阻碍政令执行者要被"穷治"；甚至有"腹诽之法"，见令不便，不入言而腹诽亦为犯罪，大农颜异即因此被杀。另外，连坐之律也大行其道。如，"淮南、衡山、江都王谋反迹见……而坐死者数万人"。严刑峻法凸显了最高统治者的残暴心性和专制淫威。在《酷吏列传》中，司马迁在描写酷吏们的残暴时，多次提到"上以为能""天子以为能"等语，明确指出酷吏们倒行逆施、滥施淫威的根源在汉武帝。李晚芳《读史管见》云：“张酷吏之威者天子，流酷吏之害者政治。曰‘上以为能’也、‘举为第一’也、‘上喜之’也、益专‘任’也、‘奏事中上意’也、‘称为敢决疑’也、语事而‘天子忘食’也、‘以为尽力无私’也，详书、大书，归咎于上，不一而足。”[1] 一针见血，痛哉斯言！自私贪婪，此其二。《平准书》又载，“是时越欲与汉用船战逐，乃大修昆明池，列观环之。治楼船，高十余丈，旗帜加其上，甚壮。于是天子感之，乃作柏梁台，高数十丈。宫室之修，由此日丽”。《孝武本纪》中也有类似的记载。武帝听说越人有火灾后复建之屋一定要比原来的大的习俗，“于是作建章宫，度为千门万户。前殿度高未央。其东则凤阙，高十余丈。其西则唐中，数十里虎圈。其北治大池，渐台高二十余丈……”感怀攀比的背后是奢侈挥霍的贪欲。为了满足私欲，汉武帝甚至不惜发动战争。《大宛列传》载，汉武帝为获得大宛的汗血马和“侯宠姬李氏”，拜李姬之兄李广利为贰师将军，攻打大宛。其时正值“关东蝗大起，蜚西至敦煌”的灾年，而这场战争的结果是“凡四岁而得罢”。这一不顾人民死活而只求满足一己私欲的举动，充分暴露了汉武帝的贪婪无耻和以天下为私产的心理。虚荣喜功，此其三。汉武帝穷兵黩武，频繁地发动对外战争。自建元四年（前 137）兴兵击闽粤始，至征和四年（前 89）遣李广利等伐匈奴止，武帝一朝先后进行的战争长达四十八年。虽然在客观上这些战争有利于维护国家的安定和统一，但其中也不乏武帝的私心。《平准书》载，元朔六年，“大将军将六将军仍再出击胡……虏数万人皆得厚赏，衣食仰给县官；而汉军之士马死者十余万，兵甲之财转漕之费不与焉”。又，“浑邪王率数万之众来降，于是汉发车二万乘迎之。既至，受赏，赐及有功之士。是岁费凡百余巨万”。宁可拖欠军费，使“府库空”，也要不切实际地去优待俘虏和投降者，这看似宽宏大量，实际上却昭示了汉武帝示威炫耀、好大喜功的虚荣心理。《大宛列传》载：“是时上方数

---

1 ［清］李晚芳著、［日］陶所池内校订：《读史管见》卷三，浪华书林、群玉堂翻刻安政三年京都如射书院本，1856，第 73 页。

巡狩海上，乃悉从外国客，大都多人则过之，散财帛以赏赐，厚具以饶给之，以览示汉富厚焉。于是大觳抵，出奇戏诸怪物，多聚欢者，行赏赐，酒池肉林，令外国客遍观各仓库府藏之积，见汉之广大，倾骇之。”一边是“黎民重困”，一边是统治者故意向外国人炫富耀财，汉武帝虚荣喜功之心极矣！而他之所以能这样随心所欲，完全是因为他将天下视为一己之私物。

综上可见，从汉高祖到汉文帝到汉景帝再到汉武帝，刘姓王朝日渐强盛，但最高统治者的“私天下”和专制心理亦愈发明显。此种统治心理所造成的后果自然令人不安。据《平准书》记载，本来，“汉兴七十余年之间，国家无事，非遇水旱之灾，民则人给家足，都鄙廪庾皆满，而府库余货财，京师之钱累巨万，贯朽而不可校。太仓之粟陈陈相因，充溢露积于外，至腐败不可食。众庶街巷有马，阡陌之间成群……故人人自爱而重犯法，先行义而后绌耻辱焉”。然而，由于武帝外攘四夷、内兴功业，致使“宗室有土公卿大夫以下，争于奢侈，室庐舆服僭于上，无限度”；“江淮之间萧然烦费矣。……巴蜀之民罢焉。……兵连而不解，天下苦其劳，而干戈日滋”；“入物者补官，出货者除罪，选举陵迟，廉耻相冒，武力进用，法严令具。兴利之臣自此始也”。太史公一言以蔽之，曰：“物盛而衰，固其变也。”就是说，汉王朝由盛而衰的巨变与武帝的专制统治和私欲有直接的关系。

总之，司马迁洞悉“上古五帝”与“汉初四帝”心性上的霄壤之别，并清楚地揭示出了其由仁德到专制，由“公天下”到“私天下”的心理变化。同时，他还写出了两种统治心性所造成的一盛一衰的不同后果，这就说明：国之治乱兴衰与帝王的心性密切相关。五帝仁德，故天下安澜，民乐其业；商汤有德，代夏而有天下；武丁“修政行德，天下咸欢”；周文王“笃仁，敬老，慈少，礼下贤者，日中不暇食以待士，士以此多归之”。相反地，夏桀“不务德而武伤百姓”，终于国灭，自己被“放而死”；商纣“好酒淫乐”，亦失国身死；周厉王暴虐，终被民众逐出国门，亡于他乡；秦始皇、二世“仁义不端”，肆意极欲，帝国因此仅存十几年即灰飞烟灭；武帝专权，汉由盛而衰。总之，司马迁通过对比古今帝王的心性，清楚地表明：帝王修德行仁，以天下为公，则国泰民安，王业兴盛；帝王失德专横，以天下为私，则国无宁日，帝业必衰。

第二节
忘私辅国还是苟合保身：
古今君权变迁中的将者肺腑

《咏史一百首(其四十五)》

(明·谢肇淛《小草斋诗集》卷六)

吾怜李将军，恂恂不出口。笑夺胡马骑，生得射雕手。
匈奴避飞将，士卒罢刁斗。老死不封侯，始知长数奇。
桃李虽不言，其下自成蹊。卫青有天幸，去病尤少恩。
英雄在千载，成败何足论?

在太史公的社会理想中，具有仁德公心的明主贤君是国治民安的首要保障。然而，仅靠帝王一人之力显然是不能使国运昌隆绵久、人民安居乐业的。他说：“尧虽贤，兴事业不成，得禹而九州宁。且欲兴圣统，唯在择任将相哉！唯在择任将相哉！”从历史看，将相也确实一直是维护政权稳定、促进社会发展的极为重要的政治力量。尧得禹而九州宁，商汤得伊尹而桀亡，周文王得吕尚而纣灭，成王得周公而乱平，赵得廉颇、蔺相如而不畏强秦，秦得李斯、蒙恬等而平六国，刘邦得韩信、萧何等而覆楚立汉。历史一再证明，国之治乱兴衰，赖将相之力大矣！这类人物的心性在司马迁的笔下亦栩栩如生，正像将贤君与骄主对照着写一样，司马迁也对良将贤相与他们的反面群体并行不悖地观照，从而构筑出较真实而全面的辅弼之臣的心灵世界。

一、忘私辅国的古之名将

《史记》所描述的兵家将者多属春秋及此后时代的人物，这与春秋以降，力政益显、战事日频的状况是联系在一起的。作为披坚执锐、冲锋陷阵的一军之将，智慧和勇气是其必备的素质，然而，这只是为将者的外在表征，他们的内在心灵似更值得探究。司马迁对古往今来的名将进行了多侧面描绘并揭示出了其群体心性。

忧国保民是为将者的首要共性。作为政权的支柱，将者及其率领的军事力量对国计民生有着举足轻重的意义。《孙子兵法·作战篇》云：“故知兵之将，民之司命，国家安危之主也。”[1] 同书《地形篇》又云：“故进不求名，退不避罪，唯人是保，而利合于主，国之宝也。”[2] 这两句话强调了为将者的职责及须持有的忧国忧民之心。司马穰苴无疑就是这样的一位将者。《司马穰苴列传》记载，他在叱责齐景公派来的监军庄贾因私误公的行径时说：“将受命之日则忘其家，临军约束则忘其亲，援枹鼓之急则忘其身。今敌国深侵，邦内骚动，士卒暴露于境，君寝不安席，食不甘味，百姓之命皆悬于君，何谓相送乎！”为将者既受命征战，就必须忘记一己之私而心系国难民瘼，这既是穰苴对职守的认知，也是他的肺腑之言。乐毅被迫“捐燕归赵”后，仍致书燕惠王，表明自己对祖国未来的忧虑及“免身立功，以明先王之迹”的拳拳报国心。廉颇亲至蔺相如家负荆请罪之举的背后也闪耀着这位老将以国为先的公心。汉之“飞将军”李广“为二千石四十余年，家无余财，终不言家产事”，一心为国，彰明较著。

仁心恤卒是多数将军的又一共同心性。司马穰苴率兵出征，“士卒次舍井灶饮食，问疾医药，身自拊循之。悉取将军之资粮享士卒，身与士卒

1 ［春秋］孙武撰、郭化若译注：《孙子译注》，上海古籍出版社，1984，第96页。

2 同上书，第179页。

平分粮食，最比其羸弱者”，同甘共苦，善待士卒之心可见一斑。《孙子吴起列传》载，吴起为将，“与士卒最下者同衣食。卧不设席，行不骑乘，亲裹赢粮，与士卒分劳苦。卒有病疽者，起为吮之”。《李将军列传》载，李广“得赏赐辄分其麾下，饮食与士共之”；“见水，士卒不尽饮，广不近水，士卒不尽食，广不尝食”：均可谓爱兵如子。仁心恤卒也表现在为将者勇于主动承担责任上。李广出击匈奴，迷路失道，上峰派人调查，他说：“诸校尉无罪，乃我自失道，吾今自上簿。”《孙子兵法·地形篇》云：“视卒如婴儿，故可与之赴深溪；视卒如爱子，故可与之俱死。”[1] 果然，名将们的仁爱之心得到了士卒们的回馈。司马穰苴“三日而后勒兵。病者皆求行，争奋出为之赴战”；李广部下也“爱乐为用”。

古之名将还不畏强权。《孙子吴起列传》载，孙武受命训练吴王宫女，以吴王阖闾的两个宠姬为队长，但她们不听指挥，孙武欲斩之。吴王见状，对孙武说：“寡人已知将军能用兵矣，寡人非此二姬，食不甘味，愿勿斩也。”孙武说：“臣既已受命为将，将在军，君命有所不受。”于是“斩队长二人以徇”。司马穰苴亦有类似之举。齐景公命穰苴率军出征，同时派宠臣庄贾为监军，两人约好“旦日日中会于军门”，但庄贾无视军纪，“夕时”才至，穰苴一番怒叱后，斩之。景公得知后，急忙派使者“持节赦贾，驰入军中”，穰苴又以擅闯军营罪斩杀其仆人及“车之左驸，马之左骖”。孙武、司马穰苴不惧王威、斩杀王宠、严明军纪的举动反映了他们的无畏之心。据《廉颇蔺相如列传》，赵奢为田部吏时，“收租税而平原君家不肯出租，奢以法治之，杀平原君用事者九人”。这件事表明赵奢亦不惧强权。西汉的周亚夫也是这样的一位将军。《绛侯周勃世家》载：

> 文帝之后六年……以河内守亚夫为将军，军细柳：以备胡。上自劳军。至霸上及棘门军，直驰入，将以下骑送迎。已而之细

1 ［春秋］孙武撰、郭化若译注：《孙子译注》，上海古籍出版社，1984，第180页。

> 柳军，军士吏被甲，锐兵刃，彀弓弩，持满。天子先驱至，不得入。先驱曰：“天子且至!”军门都尉曰：“将军令曰：‘军中闻将军令，不闻天子之诏。’”居无何，上至，又不得入。于是上乃使使持节诏将军：“吾欲入劳军。”亚夫乃传言开壁门。壁门士吏谓从属车骑曰：“将军约，军中不得驱驰。”于是天子乃按辔徐行。至营，将军亚夫持兵揖曰：“介胄之士不拜，请以军礼见。”天子为动，改容式车。……群臣皆惊。

周亚夫这样做，不仅反映了他不畏权贵、不邀宠媚上的心理，而且在更深的层次上，表现了他作为名将的独立精神。这在孙武、司马穰苴等人身上同样有体现。所谓“将在军，君命有所不受”“军中闻将军令，不闻天子诏”“介胄之士不拜，请以军礼见”等等，表达出的是一种对将者独立性传统的坚守。这种传统很明显来自君臣相互尊重的古老礼制。《孙子兵法·计篇》云：“将听吾计，用之必胜，留之；将不听吾计，用之必败，去之。”[1] 这就是说，将者为了维护职守的独立性和个人尊严完全可以选择去留的方向和效命的目标。《孙子吴起列传》和《乐毅列传》所记载的吴起由鲁去魏后又之楚、乐毅“捐燕归赵”等行为都是这一观念的体现。然而，随着君主专制的确立和完善，这一传统也逐渐丧失。霸上军、棘门军任文帝车队“直驰入，将以下骑送迎”的举动便是证明。这一点在君主权威空前强化的汉武帝时代表现得更明显。

二、苟合保身的今之贵幸

《卫将军骠骑列传》记载，元狩元年，卫青率军出击匈奴，右将军苏建“尽亡其军，独以身得亡去”。军正建议卫青以军法斩之，但卫青却说：“使臣职虽当斩将，以臣之尊宠而不敢自擅专诛于境外，而具归天

---

1 ［春秋］孙武撰、郭化若译注：《孙子译注》，上海古籍出版社，1984，第 82 页。

子，天子自裁之，于是以见为人臣不敢专权，不亦可乎?”本是职守之内的事，卫青却不敢处置，只因害怕招来“专权”之隙。从“将在军，君命有所不受”到“不敢自擅专诛于境外”，表明在专制的高压下，为将者保守自己的独立性和尊严的心理已荡然无存，而只剩惶恐谨慎。卫青拒绝苏建招纳贤士的建议亦源于同样心理。本传论赞云：

> 苏建语余曰：“吾尝责大将军至尊重，而天下之贤大夫毋称焉，愿将军观古名将所招选择贤者，勉之哉。大将军谢曰：‘自魏其、武安之厚宾客，天子常切齿。彼亲附士大夫，招贤绌不肖者，人主之柄也。人臣奉法遵职而已，何与招士!’”骠骑亦放此意，其为将如此。

苏建建议卫青效法古代名将“招选贤者”，但卫青却反对，理由是这是人主之柄，大臣无权如此，一切听从皇上安排。司马迁接着写道：“骠骑亦放此意，其为将如此。”卫、霍二人害怕招贤选能会招来侵犯人主权柄的祸患，这无疑透露了天子专制的淫威；而卫青声称做臣子的只可“奉法遵职而已，何与招士”则暗示出将者只是君主专制政权的工具而无个人独立性的现实。既如此，为将者在唯唯诺诺的同时，还设法讨好人主欢心也就不足为奇了。其时，卫青之姐卫子夫皇后色衰失宠而王夫人得宠，于是，卫青拿出受赐千金中的一半为王夫人上寿，从而讨得武帝的欢心。霍去病干脆以“为人仁善退让，以和柔自媚于上”为行事指南。

综上可见，一方面，司马迁写出了古今名将们忧国保民、仁心恤卒等共同心理，并对此深为赞叹。他在《报任少卿书》中说，“常思奋不顾身，以徇国家之急。……人臣出万死不顾一生之计，赴公家之难，斯以奇矣”[1]，表达了对舍身为国精神的钦服向往；相反地，对那些自私自利、只知“全躯保妻子”的将者，司马迁非常不满，多有批评。他记霍去病

1 ［汉］司马迁：《报任少卿书》，载［梁］萧统编、［唐］李善注《文选》卷四十一，上海古籍出版社，1986，第1857—1858页。

云：“然少而侍中，贵，不省士。其从军，天子为遣太官赍数十乘，既还，重车余弃粱肉，而士有饥者。其在塞外，卒乏粮，或不能自振，而骠骑尚穿域蹋鞠。事多此类。”一句“事多此类”表明了太史公对霍去病的不屑。又，《白起王翦列传》和《蒙恬列传》论赞云：

> 王翦为秦将，夷六国，当是时，翦为宿将，始皇师之，然不能辅秦建德，固其根本，偷合取容，以至圽身。及孙王离为项羽所虏，不亦宜乎！
>
> 吾适北边，自直道归，行观蒙恬所为秦筑长城亭障，堑山堙谷，通直道，固轻百姓力矣。夫秦之初灭诸侯，天下之心未定，痍伤者未瘳，而恬为名将，不以此时强谏，振百姓之急，养老存孤，务修众庶之和，而阿意兴功，此其兄弟遇诛，不亦宜乎？

司马迁认为，王、蒙二人尽管战功显著，但不能直言强谏、解民倒悬，而只知苟合取容、阿意兴功，已失去了将者本色，身死无后是当然的。

另一方面，司马迁又敏锐地注意到了古今将者内心的变迁。他着重指出了在君主专制权威日趋强化的情形下，将者的人格尊严和独立性逐步丧失，从而沦为专制政权的工具。《佞幸列传》云：“卫青、霍去病亦以外戚贵幸，然颇用材能自进。”这是太史公的“春秋笔法”，也是《卫将军骠骑列传》一篇之眼。古之名将们独特而光辉的人格魅力在当代的“大将军”们身上已难觅踪影，这无疑是太史公所深痛者之一。

第三节
趋时求荣还是自处为公：专制政体强化下的相者胸臆

《咏史一百首(其三十)》

（明·谢肇淛《小草斋诗集》卷六）

李斯辞荀卿，其意羞贫贱。见鼠居仓中，喟然发深羡。
布衣扣秦关，逐客卒召见。获逐蚕食谋，乾坤成血战。
诗书即以燔，功德亦屡荐。宫车忽晚出，鹤驾中宵变。
自诧浴日功，居然承天眷。履威患乃临，殉荣神所谴。
市头叹黄犬，无乃迷先见。身名俱为戮，哀哀泪如霰。

较之将者，《史记》对“相”这一群体描写的时空跨度要大得多。从商之伊尹、周之吕尚，到春秋时代的管仲、晏婴，再到汉之公孙弘等，足见司马迁对其关注程度之高。但就心理揭示而言，太史公的笔触更多地集中于秦汉两朝的丞相，对于此前的相者，多只是“论其轶事”而已，这种处理方式与司马迁既“通古今之变”又为当代立法的创作意识是一致的。

一、秦汉趋时苟合之相

吕不韦是司马迁第一个着墨较多的“相”，对他心态的揭示有助于我们理解其后的相者心理。作为“家累千金”的巨商大贾，吕不韦介入政治活动本身就极具象征意义，它暗示趋利倾向已成为较普遍的社会意识，而政治也完全可能成为个人攫取财富和地位的工具。事实上，吕不韦资助子楚，其直接的动机正是子楚“奇货可居”，可致己有“一本万利”的收益；他献怀有身孕的美姬于子楚，亦是出于获得政治权势和物质财富的心理；而集众门客之力著成《吕氏春秋》，并“布咸阳市门，悬千金其上，延诸侯游士宾客有能增损一字者予千金”的举动则表明吕不韦的获“利”心态已扩展到文化与声名方面。清末吴汝纶《桐城先生点勘史记》卷八十五论曰：“此篇以‘贾’字为主。立子楚进美姬，所以贾利；作《吕氏春秋》，所以贾名；……因入宾客著所闻为书，又以悬金市门终之，仍寓贾人伎俩，与前居奇钓奇为一类。”[1] 堪称的论。吕不韦一生的政治活动，几乎充满了商人的趋利与投机色彩，如果说吕不韦这样的心理因其商人的出身而带有某种特殊性的话，那么在他之后的文人丞相李斯的趋时求荣心理无疑具有普遍性的意义。

李斯辅助秦始皇消灭六国，结束长期的分裂局面，并为巩固秦王朝的稳定和发展采取了种种措施，在历史上是有贡献的，但就人生追求和个体心理来说，他并不值得人们尊敬。《李斯列传》载，李斯年轻的时候，看到吏舍厕所里的老鼠多吃秽物，又常常被人惊扰喊打；而仓库里的老鼠就不同了：专吃粮食，又住在廊庑下安然自得。他因此感叹说：“人之贤不肖譬如鼠矣，在所自处耳!”这句话道出了李斯的人生哲学，即人的一生惟在如何“自处”。究竟如何自处呢？他在学成帝王之术准备西入秦、辞别老师荀卿时说得很清楚：“斯闻得时无怠，今万乘方争时，游者主事。今秦王欲吞天下，称帝而治，此布衣驰骛之时而游说者之秋也。处卑贱之位而计不为者，此禽鹿视肉，人面而能强行者耳。故诟莫大于卑贱，而悲莫甚于穷困。久处卑贱之位，困苦之地，非世而恶利，自托于无为，此非士之情也。故斯将西说秦王矣。”这段话表明了李斯敏锐的政治洞察力，

---

1 杨燕起等汇辑：《史记集评》，载张大可等主编《史记研究集成》第六卷，华文出版社，2005，第517页。

但更多的是袒露了他的处世之道和内心追求。清人郭嵩焘指出："案李斯生平只此一幅本领，其辞荀卿游说，务在趋时诡合，而己所以相始皇及为赵高所怵迫，其源皆出于此。"[1] 此可谓诛心之论，点破了李斯一生的自处之道和基本心理特征：趋时自处，诡合求荣。

秦统一后，李斯官至丞相，子女亦富贵。他不禁感叹："夫斯乃上蔡布衣，闾巷之黔首，上不知其驽下，遂擢至此。当今人臣之位无居臣上者，可谓富贵极矣。"言辞之中充满了自矜自夸。秦始皇东巡病死沙丘平台，死前密诏传位长子扶苏。赵高和胡亥阴谋篡位，于是拉拢李斯。李斯初闻其谋，斥之为"亡国之言"，继之责令赵高"君其反位"，再则劝说"君其勿复言，将令斯得罪"，然后告诫："斯其犹人哉，安足为谋!"这一系列的话语看似道貌岸然，但语气由愤怒严厉到平静温和，再到恐令自己获罪，默许的态度渐次明显。赵高看出，趁热打铁，并以祸福利害相诱逼："君听臣之计，即长有封侯，世世称孤"，"今释此而不从，祸及子孙，足以为寒心。善者因祸为福，君何处焉?"祸福穷通，全在自处，此语击中了李斯内心最真实也最软弱的部分。于是，他参与到了篡位阴谋中。今人马非百说：

> 赵高谋矫事，所忌者斯一人耳。……高请于斯，斯既能以亡国之言绝之矣，而又以其言虑不怀通侯之印易其心而许之，是杀扶苏与蒙恬者斯也。诚以斯善度事机……实一势位富贵之徒也。[2]

此论甚当。此后，李斯的趋时求荣之心愈加明显。他的儿子李由为三川郡守时，因不能抵御吴广的攻击而遭到了秦二世的深责。李斯因此惶恐不安，"重爵禄，不知所出，乃阿二世意，欲求荣"，于是上《督责书》，迎合二世的权欲和恣意享乐的愿望。趋时自处、诡合求荣的心理暴露无遗。

---

1 ［清］郭嵩焘：《史记札记》卷五，商务印书馆，1957，第300页。

2 马非百：《秦集史》（上册），中华书局，1982，第228页。

在某种程度上，正是李斯这种自私而不负责任的行为加速了秦王朝的崩溃，而他自己也终没能长享富贵，被赵高诬杀。

可以说，李斯的最终下场是他内心的权欲和富贵欲恶性膨胀的结果。在另一个层面上，他的行为也反映了暴秦的时代心理。荡平六国、一统天下之后，秦始皇却不察民意，以残酷暴虐的统治心态、法家任法的绝对意志以及集权帝国的国家暴力相配合，对社会进行强制规范和钳制，使整个社会因失却了自由激情的空气而变得沉重单调。在意识形态领域，保守和自全成为普遍心理，对权势和财富的追求也成为很多人的人生目标。李斯正与这一时代的氛围契合，是此期文化心理的代表者。明代学者钟惺甚至称其为“古今第一热中功名富贵人”。[1]

既有“第一”，必有“第二”“第三”等踵其事增其华。有汉一代，李斯的同类为数不少，其中汉武帝时的公孙弘堪称其“知音”。《平津侯主父列传》载，公孙弘以治《春秋》起家，以阿谀顺旨的为官要诀平步青云。“每朝会议，开陈其端，令人主自择，不肯面折庭争”；又“尝与公卿约议，至上前，皆倍其约以顺上旨”，其趋时诡合之心较李斯有过之而无不及。淮南王、衡山王谋反，作为丞相的公孙弘惕息不安，害怕武帝认为自己“奉职不称”而降罪，于是赶紧上书，花言巧语，以一套五道三行的理论讨取内心多欲而外饰仁义的武帝的欢心，结果武帝非但没办他的罪还“赐告牛酒杂帛”。可见其极善自处，极善阿顺上意。与他同朝为官的汲黯曾骂他“多诈而无情实”，可谓鞭辟入里。在其他方面，公孙弘亦深谙李斯之心。李斯曾因妒忌而毒杀同窗韩非。公孙弘亦“为人意忌，外宽内深，诸尝与弘有郤者，虽详与善，阴报其祸”。他与主父偃同朝为官，常有不合，后来主父偃因事下狱，武帝意欲宽赦不诛，但公孙弘搬弄口舌，坚持族诛主父偃。太史公写道，“杀主父偃，徙董仲舒于胶西，皆

1 钟惺：“李斯古今第一热中富贵人也，其学问功业佐秦兼天下者，皆其取富贵之资，而其种种罪过，能使秦亡天下者，即其守富之道。究竟斯之富贵仅足以致族灭，盖其起念结想，尽于仓鼠一叹。”（参［明］凌稚隆辑校、［明］李光缙增补、［日］有井范平补标《补标史记评林》卷三十，兰台书局，1968，第 14 页）

弘之力也”，笔致简扼，但“皆弘之力”四字，足以洞照公孙弘阴毒之心。

对于李斯、公孙弘之类相者的阴暗心理，司马迁一方面毫不留情地予以批评。《李斯列传》论赞云：“斯知六艺之归，不务明政以补主上之缺，持爵禄之重，阿顺苟合，严威酷刑，听高邪说，废適立庶。诸侯已畔，斯乃欲谏争，不亦末乎！人皆以斯极忠而被五刑死，察其本，乃与俗议之异。”太史公将公孙弘与敢于直谏，且在内政外交上屡有建树的主父偃同传记之，对比见义，批评之心显而易见。另一方面，司马迁在《货殖列传》中指出“富者，人之情性，所不学而俱欲者也”，这是对人性的深刻洞察，显示司马迁并非墨守经传的迂腐之人。但是，李斯将功名富贵置于国家利益之上，一味阿顺苟合，甚至每每以“独遭乱世，既以不能死，安托命哉”“吾以忠死，宜矣”等浮语虚辞来自饰自慰，这表明正常的人性追求已异化为偏执的疯狂欲求。司马迁对此显然是深为感慨的。《李斯列传》后节写道：

> 二世二年七月，具斯五刑，论腰斩咸阳市。斯出狱，与其中子俱执，顾谓其中子曰：“吾欲与若复牵黄犬俱出上蔡东门逐狡兔，岂可得乎！”遂父子相哭，而夷三族。

本传写李斯痴心于爵禄，贯之以“五叹”。一叹厕鼠仓鼠，矢志以求，是为领起；二叹富贵极矣，兢兢翼翼，是为张本；三叹安托命哉，沉沦异变，是为转捩；四叹寇至咸阳，怨詈绝望，是为收束；五叹上蔡狡兔，惨怆怛悼，是为反思。至于最后一叹，后世史著中，《晋书·陆机列传》“华亭鹤唳，岂可复闻乎”一节是其踵武。[1] 所不同者，在生命的最后一

---

1 《晋书》卷五十四《陆机列传》：“机释戎服，着白帢，与秀相见，神色自若，谓秀曰：‘自吴朝倾覆，吾兄弟宗族蒙国重恩，入侍帷幄，出剖符竹。成都命吾以重任，辞不获已。今日受诛，岂非命也！’因与颖笺，词甚凄恻。既而叹曰：‘华亭鹤唳，岂可复闻乎！’遂遇害于军中，时年四十三。二子蔚、夏亦同被害。机既死非其罪，士卒痛之，莫不流涕。”（［唐］房玄龄等撰：《晋书》，中华书局，1974，第1480页）

刻，陆机尚以“岂非命也”自悲，李斯则幡然醒悟，但悔之晚矣！李白《行路难（其三）》云：“陆机雄才岂自保？李斯税驾苦不早。华亭鹤唳讵可闻？上蔡苍鹰何足道？”[1] 意归于勘破、放下与自适，但司马迁却以冷峻沉痛的笔触引人思考：人对富贵的欲求是否有尽头？富贵如何诱发人性畸变？自灭于欲望的人生悲剧可否避免？就此而言，《李斯列传》既写出了秦汉相者的共同胸臆，也揭示了人性的某些弱点及其悲剧性宿命。

二、“时变”与秦汉相者心态

与卫青、霍去病等为将者相类，公孙弘之流趋时自处、明哲保身的行为也有深刻的现实原因，那就是君主专制的强化和君权的膨胀及由此引起的君臣关系的变化。专制体制下的君臣关系，实质上是一种人身依附关系，在这种关系中，“君”的意志处于绝对的支配地位，它要求臣的一切言行都要与之一致；相应地，为臣者的独立意志和人格尊严则被挤压至最低限度。秦汉以降，这种君臣关系渐成气候。秦末汉初的叔孙通对此有清晰的认识，而他的很多举动也正是在这一意识下发生的。据《刘敬叔孙通列传》记载，刘邦登位后，令叔孙通主持制作礼仪，并征召鲁儒士前往协助，但有两人不愿应召，且大骂叔孙通：“公所事者且十主，皆面谀以得亲贵。……礼乐所由起，积德百年而后可兴也。吾不忍为公所为。公所为不合古，吾不行。公往矣，无污我！”叔孙通听后，笑道：“若真鄙儒也，不知时变。”叔孙通的讥笑实际上透露了儒家在汉初的转向。

在先秦儒家的理念中，道德高于政治；就君臣关系而言，二者间虽有等级的差别和地位的尊卑，但也有礼仪上的互重。孔子就说过：“君使臣以礼，臣事君以忠。”[2] 孟子说得更具体：“君之视臣如手足，则臣视君如

1 ［唐］李白著，瞿蜕园、朱金城校注：《李白集校注》，上海古籍出版社，1980，第 242 页。
2 ［清］刘宝楠：《论语正义》，中华书局，1990，第 116 页。

腹心；君之视臣如犬马，则臣视君如国人；君之视臣如土芥，则臣视君如寇仇。”[1] 就是说，君臣之间是基于礼义而获得各自的地位，君主对臣子并没有绝对的支配权，而臣子也具有相对的独立性和个人自由。然而，自秦以来，随着君主专制的日益强化、皇权的日益扩张，臣子的独立性和自由度逐渐丧失。这就是所谓的“时变”之一。孙叔通意识到了这一点，所以他在侍事刘邦时，变“儒服”为“短衣”，专进“群盗壮士”，主动为刘邦制作礼仪，这些举动适应了“时变”，迎合了君主，但也在事实上扭曲了先秦儒家的思想传统，否定了尊道高于尊君的理念，消解了士人的独立人格在君臣关系中的存在，而强调一切言行都应取决于政治权力和君主的需要。这种状态在汉武帝时代实际上已成为一种普遍的思想认识。

汉武帝时的大儒和御用思想家董仲舒宣称：“君人者，国之元，发言动作，万物之枢机”[2]；“是故君臣之礼，若心之与体，心不可以不坚，君不可以不贤，体不可以不顺，臣不可以不忠”。[3] 将君作为一种本始，且视君臣关系为心与体的关系，可知在董仲舒的意识里，臣子是没有什么独立性可言的，而只能依附于君。当代有论者指出：“封建皇权在汉武帝手中得到了空前的加强，他把丞相的权力也悉攫取到手中了，丞相的废、立、生、杀全在其一念之间，更不用说其他臣子了。在这种状况下，臣子们伴君如伴虎，为求生存和发展，阿谀从旨是最安全、最有用的为官诀窍，而当阿谀从旨与国家及下民利益相冲突时，则欺诈下民、牺牲国家利益，甚至祸国殃民以奉主上，从而保全自己，升官发财。”[4] 在这样的情势下，人臣慎小事微、奉命唯谨也就是很自然的事了。《万石张叔列传》载，石庆为相，“在位九岁，无能有所匡言”，“无他大略，为百姓言”；卫绾“自初官以至丞相，终无可言”。身为一朝之相，从不匡言，唯以审

1 ［宋］朱熹：《四书章句集注·孟子集注》，中华书局，1983，第290页。
2 ［汉］董仲舒：《春秋繁露》，《二十二子》本，上海古籍出版社，1986，第781页。
3 同上书，第807页。
4 周先民：《“人性各有所修短”——关于〈史记〉列传中的人性主题》，载袁仲一等主编《司马迁与史记论集》（第三辑），陕西人民出版社，1996，第141—142页。

谨自处，求合于上，可恨又可叹。

太史公对此深为不满。从汉初至天汉年间，汉相计有二十三人，但《史记》仅为其中九人正式立传，其余或附于他人传记顺便提及，如王陵、申徒嘉等，或干脆不为之立传，其原因正在此。《万石张叔列传》写道：“是时……中国多事。……公家用少，桑弘羊等致利，王温舒之属峻法，兒宽等推文学至九卿，更进用事，事不关决于丞相，丞相醇谨而已。”《张丞相列传》又言：“及今上时，柏至侯许昌、平棘侯薛泽、武强侯庄青翟、高陵侯赵周等为丞相。皆以列侯继嗣，娖娖廉谨，为丞相备员而已，无所能发明功名有著于当世者。”语带不屑与讥刺，发人深思。

三、另类“趋时”之相

其实，趋时自处也是汉初诸相的共同心性之一。面对猜忌之心极重的刘邦，萧何不得不先后三次，或送亲人上战场，或散家财佐军，或多买田地自污，以让刘邦放心。陈平历经政治风云而能“以荣名终，称贤相”，司马迁不禁感叹“非知谋孰能当此者乎?”可见其亦善趋时自处。但是，与李斯、叔孙通、公孙弘等人“曲学阿世、热衷富贵”不同，萧、陈等人的自处更多的是指向了家国天下而非一己之私欲。

萧何与刘邦是同乡，彼此知根知底，他对刘邦极为忠诚。楚汉战争时，刘邦领兵在前线，萧何则负责镇守后方，将各项事项都办得周到妥帖，以让刘邦能安心作战。但刘邦生性忌刻，疑心极重，对萧何也不放心。在与项羽对峙、战事吃紧的时刻，三番五次地派人回京，借慰问之名侦测萧何；杀死韩信后，封萧何为相，还专门配备五百兵丁守护相国府，借以监视萧何；黥布叛乱，刘邦亲征讨伐，又一次次地派人从前线回京“慰问”萧何。然而，萧何对刘邦这些举动的真实目的却一无所知，都是经手下谋士提醒才恍然大悟而采取了相应的迎合举动。可见，萧何之自处与李斯们之自处是完全不同的：一被动一主动；一为维护稳定大局，一为求取富贵私欲，心态迥然。

陈平亦汉初名相，他出身贫苦，少好读书，及长，先投魏王咎，不用，便去魏归楚，项羽亦不信任他，于是又投身刘邦帐下，可见其灵活与圆通。他曾屡出奇谋，解刘邦之危，平定天下，其为人亦善自处。刘邦临死前因听信谗言，要斩杀樊哙，并派陈平去执行。陈接受任务，但内心却盘算道："樊哙，帝之故人也，功多，且又乃吕后弟吕媭之夫，有亲且贵。"于是，"宁囚而致上，上自诛之"，不肯亲自动手杀人。在传旨长安途中，听说刘邦死了，"平恐吕太后及吕媭谗怒"，就先行赶到长安宫中，"哭甚哀，因奏事丧前"，吕后因此很同情他，让他去休息，但他仍忧谗畏讥，坚持要求值宿宫中。吕后因此认为他忠诚，让他做郎中令，并"傅教孝惠"。故而，"吕媭谗乃不得行"。孝惠帝死后，吕后欲立诸吕为王，"问王陵，王陵曰：'不可。'问陈平，陈平曰：'可。'"。于是吕后罢免了王陵的右丞相之职，而陈平继续担任左丞相之职。后来，吕媭谗毁他身为丞相而无所事事，沉湎酒色。陈平听说后，反而"日益甚"。细察陈平的这些举动，可以发现，刘邦死前他积极有为，死后他消极无为，其原因在于吕后擅权、独断专行，其目的更多的是在于全身远祸，而非个人荣名。在内心深处，他是不满吕后专权而拥护刘姓天下的。果然，"及吕太后崩，平与太尉勃合谋，卒诛诸吕，立孝文皇帝"，从而使汉朝免于动乱，国家统一也得到加强。司马迁对此也深为赞赏："陈平本谋也!"嘉许之意，溢于笔尖。

第四章

《史记》中的「士子游侠之心」

第一节
弘道济世的坚毅与孤独：宗周斯文丧坠际的先哲襟抱

《池州夫子庙麟台》

（唐·韦表微《全唐诗》卷四七三）

二仪既闭，三象乃乖。圣道埋郁，人心不开。上无文武，下有定哀。
吁嗟麟兮，孰为来哉。周虽不纲，孔实嗣圣。诗书既删，礼乐大定。
劝善惩恶，奸邪乃正。吁嗟麟兮，克昭符命。圣与时合，代行位尊。
苟或乖戾，身穷道存。於昭鲁邑，栖迟孔门。吁嗟麟兮，孰知其仁。
运极数残，德至时否。楚国浸广，秦封益侈。墙仞迫厄，崎岖阙里。
吁嗟麟兮，靡有攸止。世治则麟，世乱则麇。出非其时，麇鹿同群。
孔不自圣，麟不自祥。吁嗟麟兮，天何所亡。

一、礼崩乐坏之际的士人群体

春秋以降，周室衰微，诸侯割据，五伦遭隳，世道浇漓，民生倒悬。至春秋后期，此种情形愈发严重。《汉书·货殖传序》云：“陵夷至乎桓、文之后，礼谊大坏，上下相冒，国异政，家殊俗，嗜欲不制，僭差亡极。……士设反道之行，以追时好而取世资。伪民背实而要名，奸夫犯害而求利，篡弑取国者为王公，圉夺成家者为雄桀。礼谊不足以拘君子，刑戮不足以威小人。富者木土被文锦，犬马余肉粟，而贫者短褐不完，含菽饮水。……故夫饰变诈为奸轨者，自足乎一世之间；守道循理者，不免于饥寒之患。”[1] 但是，在意识形态领域却另有一番景象：思想开放，百家争鸣，士人阶层日益活跃，其智慧和才情也获得最大程度的彰显。正是在这样的社会情势下，老子、孔子、庄子、孟子、韩非子和荀子等时代精英走进了中华民族的视野。

在司马迁的笔下，这些民族的思想导师都是闳览博物、妙有词致的伟人。《史记》卷四十七《孔子世家》、卷六十三《老子韩非列传》、卷七十四《孟子荀卿列传》等对先秦诸子的问道人生有集中描绘。比如，“老子所贵道，虚无，因应变化于无为，故著书辞称微妙难识”；庄子“其学无所不窥”，“著书十余万言”；孔子学《易》韦编三绝，学韶乐三月不知肉味，学鼓琴于师襄子，深思穷究，连琴曲的作者都能彻悟出来，让弟子们佩服得五体投地，他对罔阆、坟羊、防风氏之骨等奇闻异事的精通更令刁难他的人惊叹不已；韩非虽然“为人口吃，不能道说”，但“善著书”，“作《孤愤》《五蠹》《内外储》《说林》《说难》十余万言”；孟子、荀子更擅高睨大谈，亦有著述传世。千年以降，这些先哲前修的思想结晶和精神气质滋养了一代又一代的华夏儿女，而他们自身也因此成为中国历史上最伟大的存在。人们在景仰、膜拜之余也不忘探寻他们的方方面面：生平经历、政治追求、哲学思想、审美趣味等。如今，这些方面的研究成果足以令人叹为观止，但遗憾依然存在。比如，在汗牛充栋的研究著述中，人们能获得的关于诸子内心世界的描述却很模糊。事实上，在名扬千古的巨制《史记》中，司马迁就已不满足于对先贤进行表象的叙述，而是把笔触深入到其内心，试图引导人们去聆听那些伟大的心灵。

就对其内心世界进行抒写而言，司马迁述之最详者当属孔子。这一方面是出于作者对传主的无比仰慕之心，另一方面是因孔子的心态非常具有代表性。

---

1 ［汉］班固撰、［唐］颜师古注：《汉书》，中华书局，1962，第3682页。

二、孔夫子的心灵世界

孔子终其一生都在致力于实现他“尊周”的政治理想。他对周公创立的礼乐社会称慕不已，盛赞周礼“郁郁乎文哉”，并期望借此拨乱反正，恢复“周道”。《太史公自序》云：

> 周室既衰，诸侯恣行。仲尼悼礼废乐崩，追修经术，以达王道，匡乱世反之于正，见其文辞，为天下制仪法，垂《六艺》之统纪于后世。

为了理想，孔子曾流浪齐、陈、卫、楚等国长达十三年之久，向诸侯宣传其政治主张和理想。齐景公问政，他回答说“君君、臣臣、父父、子子”，讲的是礼。齐鲁夹谷之会，他按古代诸侯的“会遇之礼”来准备一切，在会晤过程中，对被他认为是败坏德行的“夷狄之乐”和“优倡侏儒”之戏以“有司加法”的严厉手段加以斥拒，可见其对周代礼义的推崇和维护。他劝鲁定公堕三都，根据便是“臣无藏甲，大夫毋百雉之城”的“礼”。然而，孔子奔走终生，对其政治理想投入了极大的热情和期望，遭受的却是一次又一次的冷遇、奚落、怀疑和嘲讽。在齐，他以“王道”说齐景公，公虽称善，但在晏婴的阻挠下，只“以季、孟之间待之”；至卫，灵公“使孔子为次乘，招摇市过之”，以此来冷落侮辱他；到匡，“匡人拘孔子”；往宋，“宋司马桓魋欲杀孔子”；过蒲，“蒲人止孔子”；于陈、蔡间，陈、蔡“乃相与发徒役围孔子于野。不得行，绝粮”；抵郑，被讽“累累若丧家之狗”。一生行事，困厄无计，落魄潦倒，终不被用。在《孔子世家》一文中，司马迁先后四次提到孔子的“不用”：在齐，景公推之以“吾老矣，弗能用也”，孔子“循道弥久，温温无所试，莫能己用”；在卫，灵公“怠于政，不用孔子”；归鲁，鲁也“终不用孔子”。清代丁晏在《史记余论》中云：“《世家》通篇以‘不用’二字为眼目……史公于《世家》三致意焉。深慨圣道之不行也。”[1] 在奔走呼号与“不用”的窘迫下，孔子表现出了对“道”的自信与实践理想的坚毅心理。他屡屡宣言：“苟有用我者，期月而已，三年有成”“我岂匏瓜也哉！焉能系而不食”“天之未丧斯文也，匡人其如予何”“天生德于予，桓魋其如予何”。即使是在郑人讥讽他为丧家之狗时，他亦“欣然笑”，说：“然哉！然哉！”豁达的自我解嘲背后，实乃对理想的自信与四处奔走的无悔。

孔子热切地向往和践行周道是因应动乱分裂、民生艰难的社会现实。在他看来，周“礼”别贵贱、正名分，最终能使长幼有序、上下和合、国家安定、百姓乐业。在这个意义上，孔子的尊周理想和行动实际上反映了他伟大的济世情怀，这一情怀源自“道”的激发和对“仁”的向往。在孔子那里，“道”在一定程度上象征了人类存在的终极意义，“君子务本，本立而道生”[2] 便是一种暗示。所以君子要“志于道，据于德”[3]，要“谋道不谋食”“忧道不忧贫”[4]，甚至“朝闻道，夕死可矣！”[5] 在他看来，最能体现“道”及其实践模式的无疑是周公和西周的礼乐社会。因此，他一生都以周公为榜样，并以践行礼乐为己任。他相信“行道”可以“重新找回人类文明的深层意义”，而“这种存在意义的抉择使儒家不可能脱离现世”。[6] 另一方面，“仁”作为一种思想符号，它突破了生与死的限制而指向了某种终极价值，比如，“志士仁人，无求生以害仁，有杀身以成仁”[7]；而作为一种思想资源，它则成为儒者精神上的自我定位和自觉的行动诉求。孔子深信人性通过自我努力可以完善，而人类的固有

---

1 杨燕起等汇辑：《史记集评》，载张大可等主编《史记研究集成》第六卷，华文出版社，2005，第415页。

2 ［清］刘宝楠：《论语正义》，中华书局，1990，第7页。

3 同上书，第257页。

4 同上书，第637页。

5 同上书，第146页。

6 ［美］杜维明：《道·学·政：论儒家知识分子》，钱文忠、盛勤译，上海人民出版社，2000，第9页。

7 ［清］刘宝楠：《论语正义》，中华书局，1990，第620页。

美德也将在这一过程中显现。因此，他正视现实世界，周游列国，积极介入其中并试图按自己的理想去改造它。而当这种介入在正常途径上遭遇阻碍时，他甚至会做出非常规的举动。所以，当公山不狃和卫灵公夫人南子之类不臣者欲借其名德来收拢人心而召他前往时，他竟然同意了。他的学生们对此非常吃惊。孔子解释说：“夫召我者岂徒哉？如用我，其为东周乎！”原来，孔子并不是要助其叛逆，而是想借他们的力量实现自己的理想。这种明知不可为而为之的举动鲜明地表露了孔子的匡世情怀。孔子晚年归国删《诗》《书》、订《礼》《乐》、赞《周易》的行为实际上与此有相同意味。

司马迁详细地记录了孔子汲汲于道而终“不用”的悲剧一生，从而展现了他伟大的济世情怀和坚毅精神。这是孔子内心世界中最崇高、最深沉的一面。然而，先驱者通常也是孤独者。太史公同时还揭示了孔子内心因“道”之不行而生的孤独感。《孔子世家》对此有一段让人不能忘怀的描写：

> 孔子既不得用于卫，将西见赵简子。至于河而闻窦鸣犊、舜华之死也，临河而叹曰：“美哉水，洋洋乎！丘之不济此，命也夫！”

在奔腾浩荡的黄河岸边长叹，这不是矫情伪饰的故作姿态，而是孔子内在情感的真实流露。孔子本来是要去卫适晋，继续寻求实现理想之途的，不料，半路上却传来了晋国执政者赵简子杀死两位贤大夫窦鸣犊和舜华的消息。孔子知道后，说：“窦鸣犊、舜华，晋国之贤大夫也。赵简子未得志之时，须此两人而后从政；及其已得志，杀之乃从政。丘闻之也，刳胎杀夭则麒麟不至郊，竭泽涸渔则蛟龙不合阴阳，覆巢毁卵则凤皇不翔。何则？君子讳伤其类也。夫鸟兽之于不义也尚知避之，而况乎丘哉！”孔子为两位贤大夫的死而感伤，但他更痛恨赵简子这种忘恩负义、不能任贤的执政者。对于这样鸟兽不如的执政者，孔子誓言不会去求其所用。可是，这样一来，他的希望之路不又一次断绝了吗？面对壮美盛大的黄河水，孔子不禁悲从中来：一生驰骛，屡不见用，先前至少都还有机会向王侯陈述己见，可是这一次却连黄河还没有渡过，希望就已经提前破灭了！这难道是命中注定的吗？所谓的“命”，在此处并不是指神秘的天之律令，而是指人生之路上不可逆转或难以测度的情势。“人类，是一种为不可知、不可解的命运之丝所束缚的渺小的、不安定的存在，也就是说，人类努力的效果是有限度的，人类的努力屡屡会遭到命运的打击。”[1] 面对命运的播弄和打击，人类通常都会展露出其内心世界最软弱的一面。所以，“命也夫”的感叹与其说是孔子对自己周道理想无可践行的惆怅彷徨和一生蹭蹬迍邅的暗自唏嘘，不如说是他从灵魂深处所发出的孤独而苍凉的人生感怀。

也正因此，当有人对他的理想表示理解时，孔子会欢喜异常。厄于陈、蔡时，弟子们对其理想和实践道路流露了不满，面对子路的怀疑和子贡的苟合取容，孔子生气地予以批驳。后来，颜回发表意见说：“夫子之道至大，故天下莫能容。虽然，夫子推而行之，不容何病，不容然后见君子！夫道之不修也，是吾丑也。夫道既大修而不用，是有国者之丑也。”他认为孔子之道之不用，错不在孔子，而只能怪当时的诸侯没有眼光。孔子听后，以为深得我心，欣然笑曰：“有是哉颜氏之子！使尔多财，吾为尔宰。”一笑一言中，孔子因得知己而欣慰喜悦的心情表露无遗。但是，雄心勃勃的进取和意冷心灰的抑郁所孕育的孤独如影随形，甚至在生命的最后一刻仍萦之不去。辞世前，孔子慷慨悲歌：“太山坏乎？梁柱摧乎？哲人萎乎？”他还流着泪说：“天下无道久矣，莫能宗予。夏人殡于东阶，周人于西阶，殷人两柱间。昨暮予梦坐奠两柱之间，予始殷人也。”这是他留给人们的最后话语。一歌一哭间，他仍为天下无道、民生艰难而感到悲愤，却救时无力，唯有掬一把衰泪，带着无限的孤寂和悲愤离开他挚爱的人间。

---

1 ［日］吉川幸次郎：《中国诗史》，章培恒等译，复旦大学出版社，2001，第 26 页。

三、先秦诸子的孤愤及其心灵史意义

司马迁详细地记录了孔子汲汲于道、“知其不可为而为之”而又终“不用”的悲剧一生，深刻地揭示了孔子因此而生的孤独悲怆的内心世界。“至圣”如此，其他人又何尝没有惆怅寂寞之感呢？《老子韩非列传》载，老子告诫前来向他请教的孔子说：“君子得其时则驾，不得其时则蓬累而行。”而最后他自己“居周久之，见周之衰，乃遂去”。这表明老子并不是一个天生就“以自隐无名为务”的人，在他内心也曾涌动过济世之志。最终，他因周衰不得“时”，飘然出关，其惆怅亦可想而知。

对于庄子，《老子韩非列传》中也有一段描写：

> 楚威王闻庄周贤，使使厚币迎之，许以为相。庄周笑谓楚使者曰：“千金，重利；卿相，尊位也。子独不见郊祭之牺牛乎？养食之数岁，衣以文绣，以入大庙。当是之时，虽欲为孤豚，岂可得乎？子亟去，无污我。我宁游戏污渎之中自快，无为有国者所羁，终身不仕，以快吾志焉。”

类似的描述在《庄子》中也有出现：

> 庄子钓于濮水，楚王使大夫二人往先焉，曰：“愿以境内累矣！”庄子持竿不顾，曰：“吾闻楚有神龟，死三千岁矣，王巾笥而藏之庙堂之上。此龟者，宁其死为留骨而贵乎？宁其生而曳尾于涂中乎？”二大夫曰：“宁生而曳尾涂中。”庄子曰：“往矣！吾将曳尾于涂中。”[1]

两文的基本情节相似，但在人物语气上两者却有很大不同。下文中的庄子

---

1 ［清］王先谦：《庄子集解》，中华书局，1987，第137—138页。

口气平静，更似一个无欲无求的隐者。而上文中的庄子则用词较激烈、口气较生硬，他拒绝楚王聘请的理由是“无污我”“无为有国者所羁”，他甚至发出“终身不仕”的宣言。这显然是基于对现实失望而生的愤激之语。这在《庄子·在宥》中表现得更明显：

> 今世殊死者相枕也，桁杨者相推也，形戮者相望也，而儒、墨乃始离跂攘臂乎桎梏之间。意，甚矣哉！其无愧而不知耻也甚矣！[1]

老庄确实主张“无为”，但“无为”之根却在社会，其旨归亦在社会。它是基于蒿目时艰的现实世界而开出的一剂药方。当然，这剂药方在当时也没有被接受，因此当庄子高歌《逍遥游》的时候，他的心灵深处，亦不免惆怅孤独。因此，在这个意义上，先秦道家的代表其实均未能超越现实，飘然出关和曳尾涂中的选择是何其的无奈！

庄子在内在情感上其实与老子相类。当然，最堪称与孔子心灵相通的是孟子。《孟子荀卿列传》载，孟子怀抱“仁政”，游说于齐梁诸国，然终不见用。于是，“退而与万章之徒序《诗》《书》，述仲尼之意，作《孟子》七篇”。理想相似，经历几同，应该说，在内在情感上，他是最接近孔子的。荀卿虽曾“三为祭酒”，但最终不能用于齐楚。他“嫉浊世之政”，“著数万言而卒”，执着而又孤寂的内心世界，一如孔子。韩非本为韩国贵族，“见韩之削弱，数以书谏韩王，韩王不能用”。他又“疾”于国弊，愤而作《说难》《孤愤》等文，其间的愤激、悲怆和孤寂异常明显。

总之，在司马迁笔下，一方面，先秦诸子虽然所秉持的“道”各不同，但他们都有着仁厚博大、恫瘝在抱的济世情怀，并在践行中展现了执着坚毅的精神。另一方面，他们因理想的失落和时势的衰微，又流露出了孤寂与悲怆的心绪。

---

1 ［清］王先谦：《庄子集解》，中华书局，1987，第92—93页。

令人感奋的是，这些民族先贤们并未沉沦此中而不可自拔，而是以坚韧的意志和自强不息的精神开辟了另一条道路去宣传己道：退而著书，发愤立言。对笃行致远的志士而言，当其进取意识因挫折而不得伸展时，在强烈的悲怆和慷慨之感的刺激下，就会转化为巨大的内驱力，并按捺不住地向另外的方向寻找寂寞却不失尊严的方式以自我抒怀。对先秦诸子而言，在外在的大声疾呼和孜孜以求宣告失败之后，愤而著书立言正是这样的一种方式。借此，他们可以建立一个精神世界，观照历史，映射现实与自我，并期许未来。司马迁显然深明先哲之心。他在《太史公自序》中说：“夫《诗》《书》隐约者，欲遂其志之思也。……孔子厄陈、蔡，作《春秋》；……韩非囚秦，《说难》《孤愤》；……此人皆意有所郁结，不得通其道，故述往事，思来者。”因厄困失落而孤独悲怆，又因孤独悲怆而著书立言，这便是先秦思想者共通的心路历程。

如果说内心的孤独悲怆还只具浓郁的主体特征的话，那么著书立言则无疑有民族精神史的意味。如前所论，自强不息是中华民族群体人格状态的历史概括与心理写照，也是中国人民积极的生存态度和价值选择最集中的体现，同时也标示着传统文化中人的主体性的高度自觉。老子、孔子、庄子、韩非子、孟子、荀子等中华民族的思想导师在与时代的风云际会中，以其满腹珠玑、利口捷给的过人才思和笃行不倦的实践精神探寻民族前行的路途，以一身为天下苍生计，虽然终不免孤独，但他们不耽于其间，以著书立言的方式继续其探索和渴望，展现了一颗颗锐意进取的伟大心灵。他们也以此超越了自己和时空，给后人留下了宝贵的精神财富和可资借鉴的资源。思想家是一个民族的精神领袖和心灵导师，他们的精神气质是这个民族精神面貌和文化心理的最集中体现。孔子等中华民族的思想文化导师在春秋战国时代的经世主义是我们这个古老民族坚毅不屈、刚健有为等文化心理的最好表征。从这个意义上说，司马迁的《孔子世家》《老子韩非列传》等传记，不仅是在为先秦诸子立传，而且是在为中华民族写心，具有毋庸置疑的心灵史价值。

第二节
奉法折上还是曲法媚上：君主权力膨胀下的吏者心迹

《汲黯》

（宋·刘挚《忠肃集》卷二十）

汲黯刚纯社稷臣，张汤巧诋更平津。

贤人所贵忠邪异，惜对君王论未伸。

将相的拱辰共毂对国家的兴衰治乱固然重要，但能够出将入相者毕竟不多，在统治体系中，占很大比例的是中下层官吏，这些人的所作所为虽然通常不足以影响天下的根本大势，但作为直接面对民众的政策执行者，他们对国家的稳定和发展依然有着至关重要的作用。司马迁对这类人也给予了足够的关注。就《史记》所传，此类人不出循吏与酷吏二种。这里的“循吏”不局限于《循吏列传》所录的部分人物，其他篇章如《张释之冯唐列传》《田叔列传》《汲郑列传》等所记也应包括其中。虽然“吏”也属于辅弼之臣类群，可与将、相并而观之，且在专制政体强化的论述逻辑下予以考察也可自洽，但考虑到循吏与酷吏的士子身份，以及在某种程度上，其内心世界可以与先秦士人映照而见，故本书将其置于诸子之后进行揭示。

一、奉法折上的古今循吏

《循吏列传》传录了汉以前的公仪休、石奢、李离等各代贤臣。奉法循理是他们的共同特征。有一次，李离“过听杀人，自拘当死”，晋文公认为“过听杀人”是下级官吏而非李离的过错，因此决定不追究他的责任，但李离不同意，“李离曰：‘臣居官为长，不与吏让位，受禄为多，不与下分利。今过听杀人，傅其罪下吏，非所闻也。’辞不受令。文公曰：‘子则自以为有罪，寡人亦有罪邪。’李离曰：‘理有法，失刑则刑，失死则死。公以臣能听微决疑，故使为理。今过听杀人，罪当死。’遂不受令，伏剑而死”。在李离看来，“法”无论是对一般民众，还是对其执行者来说，都具有同等的约束力，执行者触犯律令，也同样要受到相应的惩罚，这里似暗含了“法律面前人人平等”的朦胧认识。他最终“不受令，伏剑而死”的举动虽然令人惋惜，但也彰显了他奉法循理的内在意识。

汉文帝时的张释之也是一位奉法守职的典型。有一次，有人从桥下走出，惊了文帝的车驾。文帝将其抓捕，交廷尉张释之严办，张释之调查后发现此人是无意“犯跸”，因此依律处以罚金，但文帝对此非常不满，生气地说：“此人亲惊吾马，吾马赖柔和，令他马，固不败伤我乎？而廷尉乃当之罚金！”张释之回答说：“法者天子所与天下公共也，今法如此而更重之，是法不信于民也。且方其时，上使立诛之则已。今既下廷尉，廷尉，天下之平也，一倾而天下用法皆为轻重，民安所措其手足？”文帝听后只得说他的判决是对的。又有一次，“有人盗高庙坐前玉环”，抓获盗贼后，张释之依法判决其“弃市”，但文帝听奏后大怒：“人之无道，乃盗先帝庙器，吾属廷尉者，欲致之族，而君以法奏之，非吾所以共承宗庙意也。”释之说：“法如是足也。且罪等，然以逆顺为差，今盗宗庙器而族之，有如万分之一，假令愚民取长陵一抔土，陛下何以加其法乎？”在汉文帝看来，“犯跸”和“盗先帝庙器”是危害皇帝安全、损害皇家尊严、挑战皇权秩序的严重事件，这显然是基于专制立场，将冲撞和盗窃视为政治事件。然而，当他怒不可遏，并要求严惩甚至族诛犯事者时，其个人意志无疑已凌驾于国家法令之上，使法律的尊严和公信力受到了挑战，张释之看到了其中的危险，因此据理力争，使文帝从“情”的涡流和

"权"的意志中回归到"法"的轨道上来。从这两件事可以看出，在张释之的意识里，法不是帝王的一己意志，而是天下人共同遵守的规范，即使天子亦不例外，故既不可因人废法，亦不能因言枉法。

面对帝王的愤怒和压力，张释之能据理力争，维护法律的公平和尊严，也表现了他刚直守节、不阿上谀媚的可贵心性。这一品质在其他吏士身上也有体现。汲黯是汉廷中少见的一位戆直之吏，他时常在朝堂上怒叱武帝宠臣的虚伪和贪酷，如骂公孙弘"多诈而无情实""不忠"，又叱责张汤曰："天下谓刀笔吏不可以为公卿，果然。必汤也，令天下重足而立，侧面而视矣！"更令人称奇的是，他对汉武帝也毫不留情地予以批评。《汲郑列传》载：

> 天子方招文学儒者，上曰吾欲云云，黯对曰："陛下内多欲而外施仁义，奈何欲效唐虞之治乎！"上默然，怒，变色而罢朝，公卿皆为黯惧。……群臣或数黯，黯曰："天子置公卿辅弼之臣，宁令从谀承意，陷主于不义乎？且已在其位，纵爱身，奈辱朝廷何！"

犯主逆鳞，毫不留情地指责最高统治者的虚伪，如此刚正，怎能不令人击节叹服！

清人牛运震《史记评注》卷十一说："汲黯乃太史公最得意人，故特出色写之。当其时，势焰横赫如田蚡，阿欲固宠、怀诈饰智如公孙弘、张汤等，皆太史公所深嫉痛恶而不忍见者，故于灌夫骂坐，汲黯面诋弘、汤之事，皆津津道之，如不容口，此太史公胸中垒块借此一发者也。"[1] 的确，汲黯以至正纯刚的浩然之气行走朝堂，位居九五之尊的汉武帝都严惮其言，遑论他人？太史公以互见法将其与公孙弘、张汤等善缘饰媚上者进行对比，文中更有双方的针锋相对。以一人而超卓于衮衮诸公，不亦伟

---

1 杨燕起等汇辑：《史记集评》，载张大可等主编《史记研究集成》第六卷，华文出版社，2005，第577页。

哉！“太史公最得意人”之论，可谓深得史公之心。

司马迁对袁盎、张释之、汲黯等奉法循理、刚直守节的贤臣循吏满怀敬意。他在《太史公自序》中说：

> 敢犯颜色以达主义，不顾其身，为国家树长画。作《袁盎晁错列传》第四十一。
>
> 守法不失大理，言古贤人，增主之明。作《张释之冯唐列传》第四十二。
>
> 守节切直，义足以言廉，行足以厉贤，任重权不可以非理挠。作《田叔列传》第四十四。
>
> 奉法循理之吏，不伐功矜能，百姓无称，亦无过行。作《循吏列传》第五十九。

在司马迁看来，上述诸人忘却一己之私、不矜不伐，而且敢犯颜色、奉法循理，不仅是国家之幸，也可以凸显帝王之贤。显然，循吏治民是太史公的“美政”理想之一，这也是他对那些酷烈挠法、媚上取容的佞臣酷吏深恶痛绝的原因之一。

二、曲法媚上的汉时酷吏

《酷吏列传》记录了汉文帝、景帝，特别是武帝时期的十个酷吏的生平行事和酷烈骄恣的心性。周阳由“最为暴酷骄恣。所爱者，挠法活之，所憎者，曲法诛灭之”。一“挠”一“曲”，周阳由视法律为儿戏、肆意妄为的心理跃然而出。义纵为定襄太守，甫一上任，即“掩定襄狱中重罪轻系二百余人，及宾客昆弟私入相视亦二百余人。纵一捕鞠，曰‘为死罪解脱’。是日皆报杀四百余人”。这样不分青红皂白以杀戮为治的恐怖行为的背后是一颗冷酷无比的心。王温舒亦是如此。他杀人如麻，还嫌国家规定的执行死刑的时间太短，不够用，“顿足叹曰：‘嗟乎，令冬月益展一月，足吾事矣！'”真是嗜杀成性，酷烈无伦。诚如清人梁玉绳所言：“太史公传酷吏十人，皆以严峻为事，至今读之，犹使人不寒而栗。”[1] 实际上，《酷吏列传》所传的酷吏仅是举其代表者，当时的酷吏之多已不可胜数：“至若蜀守冯当暴挫，广汉李贞擅磔人，东郡弥仆锯项，天水骆璧推咸，河东褚广妄杀，京兆无忌、冯翊殷周蝮鸷，水衡阎奉朴击卖请，何足数哉！何足数哉！”另一方面，司马迁还写了酷吏们竞相为酷、互相师法的心态。宁成“治效郅都”；义纵也“治放郅都”；“吏之治类多成、由”；“王温舒等后起，治酷于禹”；尹齐“声甚于宁成”；杜周“治与宣相放”，且“暴酷皆甚于王温舒等矣”。真可谓“青出于蓝而胜于蓝”。

酷吏在数量上的泛滥和残酷心性的加深说明酷吏已不只是一个官员品行的问题，而是一个政治体制问题了。在这一点上，张汤的故事最具象征性。张汤小时候，他的父亲任职长安丞，负责刑狱工作。有一次父亲外出，命张汤看守屋舍，回来后发现家里的肉被老鼠偷吃了，于是很生气，鞭笞了张汤一顿。受罚后的张汤痛定思痛，认为罪在老鼠。于是，“掘窟得盗鼠及余肉，劾鼠掠治，传爰书，讯鞫论报，并取鼠与肉，具狱磔堂下。其父见之，视其文辞如老狱吏，大惊，遂使书狱”。显然，司马迁在这里要叙说的不是一个机智少年的复仇故事，而是一个“天才酷吏”的成长故事。如果说张汤与生俱来的酷烈本性和有条不紊的讯鞫计划暗示他具有成长为酷吏的天赋的话，那么其父的反应则证明酷吏的培养在当时是一种体制性的安排。少年张汤审决讼案的本领毫无疑问是耳濡目染自身为长安丞的父亲，尽管《史记》没有记述劾鼠事件发生之前张汤父亲的行为，但嗣后其父的反应足以说明一切。他看到儿子与其年龄并不相称的所作所为后，非但没有制止，反而“使书狱”，引导其走上酷吏之路。这表明在当时的官僚体系中，酷吏前途光明，具备相应天赋的人更被视作人才

1 王明信、可永雪：《史记人物与事件》，载张大可等主编《史记研究集成》第七卷，华文出版社，2005，第 529 页。

而加以培养。果然，“父死后，汤为长安吏，久之”，说明父亲的培养卓有成效，张汤不仅子承父业，而且后来居上，最终成长为古今“酷吏之王”。事实上，酷吏并非汉代特产。自战国起，酷吏就已经成为政治舞台上一支非常活跃的势力而为人瞩目。到了秦朝，酷吏由于适应了君主专制体制和暴虐的秦始皇的治国需要而达到了一个高峰。但意味深长的是，《酷吏列传》对汉以前的酷吏无一记载，所录均为汉代，而且相对集中于汉武帝一朝。这表明司马迁传录酷吏的本意并不完全在总结历史的经验教训，而更多的是指向当代的政治现实——汉武帝时代君主专制体制的强化和君主权力的恶性膨胀。

汉初，国力疲敝，百废待兴。新兴王朝以史为鉴，采取了与民休息的黄老政治，以恢复社会经济和生产力。在这样的政治方略下，专制政权的威力被限制在一定的范围内，君主的权力相对较弱，酷吏的生存空间也不大。司马迁在描述此期的状况时说：“汉兴，破觚而为圆，斫雕而为朴，网漏于吞舟之鱼，而吏治烝烝，不至于奸，黎民艾安。”但至汉武帝时期，情况发生了很大的变化。随着经济的日益发展和国力的日趋强盛，武帝的私欲和权欲也日益膨胀。他穷奢极欲，好大喜功，致使“宗室有土公卿大夫以下，争于奢侈，室庐舆服僭于上，无限度。……江淮之间萧然烦费矣。……巴蜀之民罢焉。……兵连而不解，天下苦其劳，而干戈日滋。……入物者补官，出货者除罪，选举陵迟，廉耻相冒，武力进用，法严令具。兴利之臣自此始也”。吏治腐败，政局混乱，不可收拾，于是烦文苛法日滋严密，而酷吏的力量亦因此骤增。

专制政体的核心是帝王，专制政权的强化必然导致帝王权力的扩张，而官吏又是君权的直接践行者。因此，酷吏的活跃归根到底是因专制君权的膨胀，反过来，酷吏的大量存在和活跃又有利于维护君主权力。帝王和酷吏之间的关系可谓相辅相成、相互利用。对酷吏而言，他们要获得更高的地位和更大的权力，就必须揣测上意，视君主的脸色行事。这一点在张汤身上体现得最为明显。武帝向往儒家学说，他在办案时就附会儒家经书上的说法，并请“博士弟子治《尚书》《春秋》补廷尉史，亭疑法”。遇到不好把握的事，他“必豫先为上分别其原，上所是，受而著谳决法廷尉絜令，扬主之明。奏事即谴，汤应谢，乡上意所便”；“所治即上意所欲罪，予监史深祸者；即上意所欲释，与监史轻平者”。这完全是一种以上是为是、以上非为非的奴才心理。杜周亦如此。他办案的原则是：“上所欲挤者，因而陷之；上所欲释者，久系待问而微见其冤状”。有门客对他的这种“专以人主意指为狱”的做法不满，他回应说：“三尺安出哉？前主所是著为律，后主所是疏为令，当时为是，何古之法乎？”法是什么？法就是君主的意志！这便是酷吏们内心的行动准则。奴才们如此听话乖巧，主子自然不会亏待他们。酷吏赵禹、义纵、尹齐“上以为能”；酷吏王温舒“天子闻之以为能”；酷吏杨仆“天子以为能”。对于张汤，汉武帝更是信任、尊宠有加：“汤每朝奏事，语国家用，日晏，天子忘食。丞相取充位，天下事皆决于汤”；“汤尝病，天子至自视病”。曲法媚上者被重用，守法刚直者自然就受冷落。太史公写道，张释之“事景帝岁余，为淮南王相，犹尚以前过也”。所谓“以前过”，指张释之在景帝尚为太子时曾得罪过他这件事。《张释之冯唐列传》记载：

> 太子与梁王共车入朝，不下司马门，于是释之追止太子、梁王无得入殿门。遂劾不下公门不敬，奏之。薄太后闻之，文帝免冠谢曰：“教儿子不谨。”薄太后乃使使承诏赦太子、梁王，然后得入。

裴骃《集解》云：“凡言司马门者，宫垣之内，兵卫所在，四面皆有司马，主武事。总言之，外门为司马门也。”又引如淳之言曰：“宫卫令‘诸出入殿门公车司马门，乘轺传者皆下，不如令，罚金四两’。”可见，司马门是皇宫外门、禁苑要塞，出入者必下车马。当时身为太子的景帝不可能不知道这一规制，却恃尊违令，张释之阻止景帝直接驰入并弹劾其不敬之失，这完全是奉法而行、恪尽职守，但却埋下了祸根。景帝即位后，

“释之恐，称病。欲免去，惧大诛至；欲见谢，则未知何如。用王生计，卒见谢，景帝不过也”。张释之了解景帝心胸狭隘、睚眦必报的个性，因此深怀恐惧，千方百计才获得景帝的谅解，但虚伪的景帝并不是真的放下了这件往事，只是暂时隐而不发。果然，仅仅过了一年，汉景帝就找借口将张释之逐出京城，贬黜为淮南王相，张释之最终死于斯任。司马迁同时写到了张释之的儿子：“其子曰张挚，字长公，官至大夫，免。以不能取容当世，故终身不仕。”张释之父子二人忠贞正直、奉法循理，却为私心褊狭的统治者所不容，郁郁而终。正直成为祸端，奉法成为罪愆，这不是专制政体的偶然缺陷，而是其本质的必然扭曲。

冯唐因忤上意，被景帝罢官，武帝即位后，想起用他，可他已经九十多岁，不能再做官了。汲黯“亦以数直谏，不得久居位”。这些其实还不算什么。汉武帝为了维护酷吏，甚至不惜牺牲忠直之臣。匈奴派人前来请求和亲，博士狄山认为和亲有利，张汤不同意，并骂他是无知愚蠢的儒生，狄山反唇相讥，称张汤“诈忠”。这下惹恼了汉武帝，逼狄山去守卫一个匈奴横行的边塞城堡，一个月后，狄山被匈奴杀死。武帝对酷吏的回护可谓到了阴毒残酷的地步。司马迁对酷吏的本质及帝王与酷吏二者的相互利用关系显然深明于心，因此在看似平静的叙说里屡加嘲讽和谴责：“太史公深慨焉，故于诸人之传，一则曰‘上以为能’，再则曰‘上以为能’。……太史公大书特书，屡书不一，书其垂诫，岂在郅都诸臣哉！此作传之本意也。”[1]

在司马迁的心里，酷吏的酷烈心性和武帝的酷吏政治，都是违背儒家治国之道的。他在此传开头就明确指出治国之道“在彼不在此”。“彼”谓何也？《集解》引韦昭注云：“在道德，不在严酷。”此正是太史公之意。他引用孔子、老子有关以德治国、勿滥施刑罚的论述已经表明了他的态度：“法令者治之具，而非制治清浊之源也。”法律只是治国的辅助工

1 ［清］张云璈：《简松草堂文集》卷八，载《续修四库全书》第 1471 册，上海古籍出版社，2002，第 225 页。

具，治国的根本在仁德，安邦的支柱在贤臣！在《楚元王世家》中，司马迁指出：“国之将兴，必有祯祥，君子用而小人退。国之将亡，贤人隐，乱臣贵。使楚王戊毋刑申公，遵其言，赵任防与先生，岂有篡杀之谋，为天下僇哉？贤人乎，贤人乎！非质有其内，恶能用之哉？甚矣，‘安危在出令，存亡在所任’，诚哉是言也！”所谓的“贤人”不就是指那些奉法循理、刚正守节的贤臣循吏吗？这与他对相者的认识是一致的。

三、传统士子心灵史的嬗迁

以上我们分别讨论了司马迁对先秦诸子和汉代士人两类群体心灵共相的刻画，从中可以看到二者心性的根本差异。倘若我们将这一差异置入更久远的时空来考察，便可勾勒出一幅传统士子心灵史的嬗迁图。

先秦士人在中国历史上是一个独特的存在。作为一个群体，其阶层形成过程实际上也是一个价值追求和意义建构的过程。春秋时期，周室倾圮，王官之学失守，知识下移，使得“士”这个新的社会阶层诞生。这个初生的群体，从一开始就绽放了绚丽的理想之光。他们与后世汲汲于功名和自我的知识分子不同，将挽乱世于既倒、解民众于倒悬作为自己的人生目标。孔丘之流离、墨翟之勤苦、孟轲之激辩、庄周之孤愤、韩非之冷峻虽然情貌各异，但其终极之“道”无不指向着一个平和、理性之社会。这种恫瘝在抱的济世情怀是先秦诸子的共同表现，也是作为一个新阶层的共同价值观。虽然战国时期个人利益的侵入使得士人不免说客之讥，但“为民”的价值追求使他们即使在千百年后依然令人肃然起敬。司马迁读孔子之书，想见其为人，在他心中盘桓不去的不仅是孔子伟岸的背影，还有孔子念兹在兹的礼乐斯文、知其不可为而为之的天下之心。可惜的是，太史公对以孔子为代表的先秦士人之心的深刻理解在那个时代可谓空谷足音。

秦汉以降，中国进入帝国时代。自始皇帝定“一”为天下尊，这个最简单的汉字也成了此后两千年中华历史最本质的写照。所谓“一”者，一统天下、一个天子、一种思想是也。专制政体下的士人，人生道路被规约在集权体制内，人生价值被引导为对皇权的忠诚。如欲生存并实现某种价值追求，就必须皈依体制；皈依体制，就须忠于皇帝；忠于皇帝，就是抛却自我。如此逻辑之下，士子的人生与皇权的命运紧密相连，古代先哲“为民”的价值追求转变成“为君”的人生取向，对天下人的关怀也随之变为对一个人的忠诚。司马迁笔下凡事不肯面折廷争、令人主自择又善缘饰儒术的公孙弘，还有因恭谨驯行而致高官的石奋父子都是此类士子的典型。这是中国士人心灵史最痛苦，也最深刻的一次断裂。汉末乱象令此一断裂愈加迷乱，直到魏晋时代。

魏晋时代是一个彻底的乱世。宗白华先生在《论〈世说新语〉和晋人的美》中说：“汉末魏晋六朝是中国政治上最混乱、社会上最苦痛的时代，然而却是精神史上极自由、极解放，最富于智慧、最浓于热情的一个时代。因此也就是最富有艺术精神的一个时代。”[1] 总之，这是最坏的时代，也是最好的时代。说它是最坏的时代，是因为此期政治动荡、民生倒悬，士人的生命更是朝不保夕。说它是最好的时代，是因为随着汉末儒学的破产，禁锢士人命运的枷锁有所破裂，又在道学和佛学等思想的熏染下，士人获得了较为广阔的人生选择，其意识也从外部世界转向内心世界，对自我人生的关注和个体生命的思考成为这个阶层的共同关注点之一。

但是，“为己”的道路并不平坦。建安士人的价值追求充满着矛盾。一方面，他们坚信人生须立德、立功、立言，“三曹”的慷慨篇什展现了汉末魏初士人的昂扬气质，所谓“建安风骨”是也；但是，酷烈的现实又迫使他们意识到生命的惨淡，“三曹”的游仙之歌即是他们逃避现实的一个出口。魏晋文人的命运同样飘摇不定，血淋淋的政治斗争和虚伪的礼

1 宗白华：《论〈世说新语〉和晋人的美》，载《美学散步》，上海人民出版社，2005，第356页。

教让人不寒而栗。魏齐王曹芳嘉平元年（249），司马懿发动高平陵政变之后，士人被卷入司马氏和曹氏的政治斗争之中，很多人无辜被诛，因此有“嘉平年间，名士减半”之说。纵使他们对生命怀有炽热的眷恋，深沉的思考之后，却发现原来世界是一张密网，怎么飞也挣不脱。阮籍《咏怀诗》第四十一首这样写道：“天网弥四野，六翮掩不舒。随波纷纶客，泛泛若浮凫。生命无期度，朝夕有不虞。列仙停修龄，养志在冲虚。飘飖云日间，邈与世路殊。荣名非己宝，声色焉足娱。采药无旋返，神仙志不符。逼此良可惑，令我久踌躇。”[1] 荣名不足珍，仙道不堪求，“天网”牢笼四野，生命朝不保夕——天下虽大，却已然无路可走！这岂止是阮步兵一人的慨叹，更是一个时代的悲歌！

幸运的是，陶渊明出现了。从“少年罕人事，游好在六经”[2] 的读书闲居的青春岁月，到“误落尘网中，一去十三年”的仕隐不定的中年时代，再到“久在樊笼里，复得返自然”的回归田园的晚岁光景，“五柳先生”不是没有挣扎，但正是这种反复，让他领悟到了人生的真谛。《归去来兮辞》的结尾说：“曷不委心任去留，胡为乎遑遑欲何之？富贵非吾愿，帝乡不可期。怀良辰以孤往，或植杖而耘耔。登东皋以舒啸，临清流而赋诗。聊乘化以归尽，乐夫天命复奚疑。”譬若飘落大江的一叶，随波迁流，委运任化，忘成败、乐死生才能超越。这种认知不是消极沮丧、悲观厌世，而是感悟于生命之本质，此即时贤所论：通过泯去后天的经过世俗熏染的“伪我”，以求返归一个“真我”。陶渊明窥察了道德的堕落，却无力改变它，只好追求自我品性的完善；他亦洞见了末世的残朽，却无法挽救它，只好执念于自我人性的复归。诗歌史上的陶渊明，真醇、质朴、平静、洒落，为田园诗人不祧之祖；而从心灵史的角度观之，其价值愈加丰盈。他采菊篱下，悠然见山，心齐外物，超然无我，“质性自然”

1 陈伯君校注：《阮籍集校注》，中华书局，1987，第326—327页。

2 ［晋］陶渊明：《饮酒（其十六）》，载龚斌校笺《陶渊明集校笺》，上海古籍出版社，2011，第257页。下引陶渊明诗文均出此本，不详注。

的个体认知与“得意忘言”的生命领悟泯然无间。体知自我、升华人生，而不求见知于人、矫饰炫世，也正是孔子“古之学者为己”的内涵。所以，陶渊明的“东篱风致”不仅是对先秦道家“庄周梦蝶”的直觉，也是对古典儒家“为己之学”的冥合。所谓“为己”，并非汲汲名利、贪恋外物的私欲餍足，而是心凝形释、优游天壤的心灵具足。这亦是陶渊明给予后代士子乃至中华民族的心灵遗产。

从先秦到西汉到魏晋，从诸子到汉儒到陶潜，从“为民”到“为君”到“为己”，中国士子在南北朝之前的心灵史嬗迁大略如此。事实上，这一嬗迁完成了中国传统知识分子心灵求索的哲思表达，因为后世知识分子对人生的思考、探寻和实践并未超越上述三种面向。从这个意义上说，司马迁对早期中国士人心灵史的共相描摹是决定性的。

第三节
坚执仁义的勇决与隐没：皇权政治高压下的侠者绝唱

《咏史八首(其六)》

(明·陈子龙《陈子龙诗集》卷五)

季心方任侠，意气盖关中。将军得剧孟，宛若敌国空。
匹夫尚奇节，可以惊王公。心期苟相许，万里安足穷？
施人若负愧，解纷不称功。儒生徒区区，惭此烈士风。

在帝王、将相、群吏之外，司马迁对非统治阶层也予以了足够的关注，例如“死义之士”这一群体，《刺客列传》和《游侠列传》是集中叙写这一类人的篇章。刺客和游侠尽管在人生道路等方面有所不同，但在内在情感上，他们具有比较广泛的交集，如言必行、行必果、重然诺、“千里诵义，为死不顾”等。对于刺客的内心世界，已有论者作出了精彩的描述[1]，此处不再赘言，而将论述的重心放在游侠这一群体上。

一、趋人之急、不伐其功的游侠之心

游侠的起源和演变目前并无定论。据聂石樵先生的考证，游侠本是士人的一种，后来发生分化，产生了“游士”“食客”“剑客”等类型，其

1 可参阅陈桐生《〈刺客列传〉——以最激烈的文字写最激烈的人》，载《〈史记〉名篇述论稿》，汕头大学出版社，1996，第217—224页。

中的“剑客”至汉代就成了游侠。[1] 司马迁在《游侠列传》和《太史公自序》中对游侠给予了很高的评价：

> 今游侠，其行虽不轨于正义，然其言必信，其行必果，已诺必诚，不爱其躯，赴士之厄困，既已存亡死生矣，而不矜其能，羞伐其德，盖亦有足多者焉。
>
> 救人于厄，振人不赡，仁者有乎；不既信，不倍言，义者有取焉。

司马迁首先指出了游侠的生存状态——“不轨于正义”，就是说游侠们游离于一般公认的道德规范和法律规则之外，有自己独特的行为方式，他们是反主流的一群。他们重然诺、轻生死、救人于厄困，且不贪名利，这是他们的价值取向和内心追求之所在。

司马迁指出，在各类“侠”当中，最令他倾心的是匹夫之侠、布衣之侠、闾巷之侠和乡曲之侠，也就是生活在民间、与下层民众有联系的那一类，他们中的代表是朱家和郭解，二人“专趋人之急，甚己之私”，表现出了高尚的情操和与众不同的内心世界。

朱家“所藏活豪士以百数，其余庸人不可胜言。……振人不赡，先从贫贱始。……既阴脱季布将军之厄，及布尊贵，终身不见也”。这里的“豪士”指当时在社会上有一定地位和声望的人，“庸人”指一般平民，朱家无一例外地为他们提供避难所。更为可贵的是，他救人自“贫贱始”，即首先救助那些最需要帮助的人。他还在刘邦悬赏千金捉拿季布的危急时期，出手救助了季布。可见，朱家救人于厄困，是从不计较对方的身份地位的，而完全是从主持正义的角度出发，解民于倒悬。而且，这种行动是不计报答的。季布后来做了刘邦的郎中和文帝的太守，但朱家对他“终身不见”，表现了一种“不矜其能，羞伐其德”的高尚情操。郭解亦

---

1 聂石樵：《司马迁论稿》，北京师范大学出版社，1987，第 131 页。

是如此。传载，他的外甥倚仗郭解的声威，强行灌人酒而被杀，郭解之姐故意弃尸道旁，以迫使他为外甥报仇。后来郭解了解到事情的真相，对凶手说“公杀之固当，吾儿不直”，遂放了凶手。这一举动虽有个人动机，但也表明在游侠的心中，人间公义高于一切，更高于血缘亲情，它客观上指向了社会正义的实现。

可见，坚持主持人间正义而不伐其功，是游侠这一群体主要的价值追求和心理特征。他们也因此获得了广泛的社会赞誉和声名，人们对其追慕不已。对于朱家，“自关以东，莫不延颈愿交焉”。对于郭解，人们或“益附焉”，或“愈益慕解之行”，或“争为用”。他迁入关中后，“贤豪知与不知，闻其声，争交欢解”。更令人惊奇的是，籍少公为了保护郭解，竟自杀以绝官府逼问口供之念。实际上，郭解最后被族灭，其声名过大是直接原因之一。对游侠剧孟，司马迁更是全通过其声名来进行侧面描写。吴楚七国叛乱时，太尉周亚夫至河南得剧孟，便断言吴楚无所作为不足惧。而当时的人得知此事后，“天下骚动，宰相得之若得一敌国云”，可见其影响之大。人们对游侠的追慕争附是对其主持人间正义的认同和尊重，也是对其价值追求和精神气质的神往。在这个意义上，这些描写是对游侠心态的有力补充，能让人多角度地、更清楚地窥见游侠的内心世界。

细察本传，可以发现司马迁对朱家、剧孟和郭解三人内心的描写其实还是有差别的，特别是郭解，文中对其心理的刻画更细致。前述郭解外甥被杀一事，“解使人微知贼处。贼窘自归，具以实告解。解曰：‘公杀之固当，吾儿不直。’遂去其贼，罪其姊子，乃收而葬之。诸公闻之，皆多解之义，益附焉”。又有一次，“解出入，人皆避之。有一人独箕倨视之，解遣人问其名姓。客欲杀之。解曰：‘居邑屋至不见敬，是吾德不修也，彼何罪?’乃阴属尉史曰：‘是人，吾所急也，至践更时脱之。’每至践更，数过，吏弗求。怪之，问其故，乃解使脱之。箕踞者乃肉袒谢罪。少年闻之，愈益慕解之行”。清人姚苧田评价说：“朱家、剧孟一以振人之意为主，郭解则急欲著己之奇，如人杀姊子，必令其窘急自归，然后舍之。箕踞不敬，必使其知感谢罪，然后满志。由此而推，则可知其执恭谨以待人者，皆欲假此以倾动天下，而阴贼剽攻，实其根于性，而不可回者矣。”[1] 姚氏的推测有一定道理。郭解“使人微知贼处”却不采取行动、不满箕踞者的不敬却“阴属尉史”照顾他，其目的是让他们主动回来认错。如此大费周折，实非以豪爽率真见称的侠者所为。据《游侠列传》记载，郭解“少时阴贼，慨不快意，身所杀甚众。以躯借交报仇，藏命作奸剽攻，休乃铸钱掘冢，固不可胜数”，可谓坏事做尽。及其年长，“自喜为侠益甚。既已振人之命，不矜其功，其阴贼着于心，卒发于睚眦如故云”。这里“自喜为侠”四字和“如故”一词值得注意。前者暗示郭解行侠仗义有刻意为之的可能；后者则指明郭解在成为游侠后，虽然具有侠者羞炫功德的共同心性，但其“阴贼”之心却未改变。因此，就上述事件而言，游侠郭解即使不能说心有阴贼，但至少意存做作。

不过，总体说来，太史公对游侠是同情多于不满，倾慕甚于批评。当然，他所欣赏的游侠是“取予然诺，千里诵义，为死不顾世”的“乡曲之侠”；是“专趋人之急，甚己之私”的“布衣之侠”；是“修行砥名，声施于天下”的“闾巷之侠”；是“私义廉洁退让，有足称者”的“匹夫之侠”，而不是依附权贵、顺风而呼的虚名豪侠，更不是“侵凌孤弱，恣欲自快”的暴豪之徒。本来，在情感气质上，司马迁就颇有侠士之风。他喜听奇闻，好慕奇士，善叙奇事。在二十岁时，他任一腔豪情，南游江淮，北涉汶泗，足迹所到之处，无不为先贤的豪迈和恢弘所感奋。不但如此，他还有急人之困的实际行动。他与李陵未曾有过“衔杯酒接殷勤”之交，但在李陵处于危难之时，他挺身而出，为之说情开脱，这完全是因为“观其为人自守奇士……仆以为有国士之风”。[2] 可见，在司马迁的性情当中，本来就有很浓的任侠之气。因此，他对游侠的高度评价和羡慕也

---

1 ［汉］司马迁原著、［清］姚苧田节评：《史记菁华录》，上海古籍出版社，1988，第 291 页。

2 ［汉］司马迁：《报任少卿书》，载［梁］萧统编、［唐］李善注《文选》卷四十一，上海古籍出版社，1986，第 1857—1858 页。

就很自然了。宋代黄震在其著《黄氏日抄》卷四十六中说："朱家周人之急，家无余财，而终身不自以为德，太史公慕焉。"[1] 此论可谓得史迁之心。另一方面，司马迁高呼"侠客之义又曷可少哉"，与个人经历有莫大关系。太史公遭逢李陵之祸，身陷囹圄，当时无有施以援手者，这令他悲愤不已。凌稚隆《史记评林》卷一百二十四引董份之言曰："史迁遭李陵之难，交游莫救，身受法困，故感游侠之义，其辞多激，故班固讥进奸雄，此太史之过也，然咨嗟慷慨，感叹宛转，其文曲至百代之绝矣。"[2] 此论可谓一针见血！更令人唏嘘的是，当时真正的游侠本已寥寥无存，而统治者的剪除之心却昭然可见。郭解正是在朝廷追捕后被杀的，这是为司马迁所亲闻的。对此，太史公引用民谚"人貌荣名，岂有既乎"表达了自己的不满态度，并大叹"於戏，惜哉"。

二、古典游侠之心的绝唱

对游侠来说，社会声名和赞誉是士林阶层和下层民众崇敬、追慕的证明，但同时也是上层统治者打压迫害的缘由。因为自韩非子宣称"儒以文乱法，侠以武犯禁"以来，行"不轨于正义"的游侠从来都是被视作社会不稳定因素之一，汉朝对他们的打击更是不遗余力。他们宣称游侠"以武犯禁"，"专以奸犯公法"，并借各种机会打压游侠。汉文帝时，郭解的父亲因任侠被杀死；"济南瞯氏、陈周庸以豪闻，景帝闻之，使使尽诛此属"；武帝在御史大夫公孙弘的支持下，族灭了郭解。非主流的社会地位和来自父辈们的惨痛教训不能不让郭解在行事时异常低调，也使其内心起了某些微妙的变化。《游侠列传》载：

---

1 ［宋］黄震著，张伟、何忠礼主编：《黄氏日抄》，载《黄震全集》第五册，浙江大学出版社，2013，第1581页。

2 杨燕起等汇辑：《史记集评》，载张大可等主编《史记研究集成》第六卷，华文出版社，2005，第591页。

> 洛阳人有相仇者，邑中贤豪居间者以十数，终不听。……解夜见仇家，仇家曲听解。解乃谓仇家曰：“吾闻洛阳诸公在此间，多不听者。今子幸而听解，解奈何乃从他县夺人邑中贤大夫权乎!”乃夜去，不使人知，曰：“且无用，待我去，令洛阳豪居其间，乃听之。”

在这一事件中，郭解“夜见仇家”和主动让功值得注意。调解仇恨，化干戈为玉帛本来是件正大光明的事，郭解却选择在“夜”里进行，这固然表现了游侠“既已振人之命，不矜其功”的心理，但更多的是反映了在备受打击的环境下，他们对正义的追求所面临的尴尬及其谨慎的心理。更耐人寻味的是，郭解还主动把调解成功的结果拱手让给当地豪贤。在封建制度下，邑中豪贤是统治阶级在地方的代表，他们的利益在很大程度上与统治者是一致的。郭解的主动让功表明：在内心层面上，游侠缺乏与统治阶级正面对抗的勇气和决绝。当然，就其诉求而言，这或许是不必要的，且应当随时注意避免。

对于朱家、郭解之类的人来说，危险往往潜藏在不经意间，他们不能予人任何口实。朱家“食不重味，乘不过軥车”，郭解“折节为俭”“执恭敬，不敢乘车入其县廷”“出未尝有骑”。游侠对个人日常行为如此严格的检束说明，其内心深处并非外人所想象的那样意气风发，而是充满无奈和谨慎。他们既不想引发过多的关注，也不想招惹大众的非议，更不想因此引起与统治阶层的纠缠与冲突。从根本上说，游侠的审慎与专制统治的完善和压力增强有直接关系。作为游离于正常社会体制和秩序之外的群体，在社会动乱或治理不力的情况下，游侠的生存空间远比政治稳固的时代大，其原因显而易见——体制外力量与专制政体是根本对立的。其实司马迁已经意识到游侠及其行为蕴藏的危险性：“今游侠，其行虽不轨于正义”，只是因为他个人的特殊遭际、心理和对游侠精神及其社会价值的独特认知而忍不住为其鼓吹。但是，在帝王和专制政体的立场上，游侠是绝不能容忍的“非法”存在。《汉书·游侠列传》说得很清楚：

布衣游侠剧孟、郭解之徒驰骛于闾阎，权行州域，力折公侯。众庶荣其名迹，觊而慕之。虽其陷于刑辟，自与杀身成名，若季路、仇牧，死而不悔也。故曾子曰：“上失其道，民散久矣。”非明王在上，视之以好恶，齐之以礼法，民曷由知禁而反正乎！[1]

况于郭解之伦，以匹夫之细，窃杀生之权，其罪已不容于诛矣。观其温良泛爱，振穷周急，谦退不伐，亦皆有绝异之姿。惜乎不入于道德，苟放纵于末流，杀身亡宗，非不幸也。[2]

班固承认，游侠有“绝异之姿”，且在个人道德和局部行为上有可取之处。但是，所谓“温良泛爱，振穷周急，谦退不伐”的个体私德与礼法正道比较起来，根本不足为训。更重要的是，游侠“驰骛于闾阎，权行州域，力折公侯”，“以匹夫之细，窃杀生之权”，俨然在现行体制之外构建起了第二种权力秩序，这是任何专制政权都绝对不能容许的。公孙弘谋捕郭解以及班固对郭解等人的批判说明汉代士大夫阶层已形成一个多数共识——游侠群体的存在挑战了既有秩序，威胁了当下政体，必须毫不留情地予以剿灭。“杀身亡宗，非不幸也”的冷酷论调暗示：在维护正统权威的道路上，任何异端都不值得怜悯！

《后汉书·独行列传》是游侠群体在古代正史中的最后记录，但是从“独行”这一名词和传序目的就可以看见：世间已无游侠！

孔子曰：“与其不得中庸，必也狂狷乎！”又云：“狂者进取，狷者有所不为也。”此盖失于周全之道，而取诸偏至之端者也。然则有所不为，亦将有所必为者矣；既云进取，亦将有所不

1 ［汉］班固撰、［唐］颜师古注：《汉书》，中华书局，1962，第 3698 页。
2 同上书，第 3699 页。

取者矣。如此，性尚分流，为否异适矣。

中世偏行一介之夫，能成名立方者，盖亦众也。或志刚金石，而克扞于强御。或意严冬霜，而甘心于小谅。亦有结朋协好，幽明共心；蹈义陵险，死生等节。虽事非通圆，良其风轨有足怀者。而情迹殊杂，难为条品；片辞特趣，不足区别。措之则事或有遗，载之则贯序无统。以其名体虽殊，而操行俱绝，故总为《独行篇》焉。庶备诸阙文，纪志漏脱云尔。[1]

结合传文可见，所谓“志刚金石，而克扞于强御”，强调的是国家忠义，温序、赵苞奋战贼寇是其例；所谓“意严冬霜，而甘心于小谅”，颂扬的是臣属恩义，李善、刘茂救抚主公孤子是其例；所谓“结朋协好，幽明共心”，彰显的是朋友情义，陈重、雷义让贤是其例；“蹈义陵险，死生等节”，宣导的是社会道义，张武、李充坚守孝悌是其例。这些“义”或指向爱国奋志、捐躯赴难，或指向临义罔惑、衔环报恩，或指向坚守伦常、教化敦睦，无一例外都是以儒家思想为核心的主流道德。与司马迁念兹在兹的已诺必诚而言信行果、千里诵义而不爱其躯、存亡死生而不矜功德等几无交集，这表明太史公所倾慕的侠义之义在当时业已被疏解为统治所必需的主流道义。从《汉书》到《后汉书》，从冷酷无情的政治镇压到冷静细腻的道义解构，游侠不仅被剥夺了存在空间，也丧失了道德高点，从此再也无法立足于现实世界，只能活跃于后世文艺作品的想象世界。由此返视，可以说，司马迁的时代正是古典游侠的末世，而《游侠列传》不惟是一支侠士精神的赞歌，更是一曲侠义之心的绝唱！

---

1 ［南朝宋］范晔撰、［唐］李贤等注：《后汉书》，中华书局，1965，第2665—2666页。

第五章

《史记》中的「两太史公」之心

第一节
“两太史公”：谈迁作史问题的文本考察

《司马太史庙(其二)》

(宋·李奎《全宋诗》卷七四八)

著书虽已先三史，论道如何后六经。
因雪李陵为国士，岂期武帝有宫刑。
丛生荆棘迷坟冢，旧画龙蛇照庙庭。
为览遗文来一奠，不知何在子长灵。

一、“老太史公”与“小太史公”

“太史公之心”之谓，较早见于南宋黄震所著的《黄氏日抄》卷五十一。黄氏不满苏辙在《古史》中说司马迁“为人浅近而不学，疏略而轻信，故其记尧舜三代之事皆不得圣人之意”，撰文加以批驳。氏著《孔子传》云：

太史公作《孔子世家》，以次三代诸侯之列，若曰古昔圣王之后，以位显者如彼，以德显者如此，故本所自来而表异之也。孔子虽不待此而尊，而太史公之知尊孔氏为可知。苏子乃降之为列传，以居叔向、子产之后，则异乎太史公之心矣。太史公之于孔子，自少至老，历叙其出处之详，必各记之曰时孔子年若干

> 岁……苏子乃略之，止断以欲居夷、浮海非其诚言，亦异乎太史公之心矣。太史公之赞谓……若曰自开辟以来，惟孔子一人，故其尊慕称诵如此。……苏子乃反之，独以其求用于世而不已为孔子之所独，又异乎太史公之心矣。呜呼！夫子，天地也，若之何形容？夫子，日月也，若之何绘画？若叙其出处以传后世，则太史公为庶几。[1]

黄震力攻苏辙之失，详证司马迁尊孔崇圣之意，而以“太史公之心”为其目。清凌扬藻《蠡勺编》卷八引恽子居论《史记·管蔡世家》之言云：“太史公之心，足以知圣如此。故曰：‘绍明世，正《易传》，继《春秋》，本《诗》《书》《礼》《乐》之际也。’”[2] 此处所言的“太史公”，与黄震之说一样，都是指司马迁，而“太史公之心”的内涵与黄说也较为接近。

当代学者阮芝生先生在讨论《报任少卿书》时，首创“司马迁之心”一词，并指出其意涵是指司马迁“自乞宫刑，隐忍苟活，完成《史记》，以雪耻扬亲，并对自己、对父亲、对历史文化做出交代”[3]，这是联系《史记》的创作意图而言的，精到可从。阮芝生先生之所以弃古已有之的“太史公之心”不用，而代之以“司马迁之心”，或许并不是因为志在求新，而是意识到《史记》中的“太史公”其实有两位。《太史公自序》云：“喜生谈，谈为太史公”“太史公既掌天官，不治民。有子曰迁”，这是“老太史公”司马谈；又云：“七年而太史公遭李陵之祸，幽于缧绁”“太史公曰：余述历黄帝以来至太初而讫，百三十篇”，这是“小太史公”司马迁。据研究者统计，现在通行的中华书局本《史记》中，“太史公”共出现了156处（不含褚少孙所称），其中至少36处为司马谈，仅《太史

---

1 ［宋］黄震著，张伟、何忠礼主编：《黄氏日抄》，载《黄震全集》第五册，浙江大学出版社，2013，第1678—1679页。

2 ［清］凌扬藻：《蠡勺编》第二册，丛书集成初编本，中华书局，1985，第135页。

3 阮芝生：《司马迁之心——〈报任少卿书〉析论》，载《台大历史学报》2000年第26期，第151—205页。

公自序》一篇称司马谈为“太史公”的就有 6 处。[1] 需要指出的是，《史记》一书，“太史公”“太史令”“太史”三者兼用，其意究竟为何，后世争议极多，治丝而棼。[2] 本书基于《史记》文本，从行文字面意思判断，“太史令”“太史”是官名，“太史公”既是司马迁尊称其父，亦是自称。

既然《史记》中有两位太史公，那么“太史公之心”是否亦有两径呢？在抉发“两太史公之心”之前，尚须回应一个与之相关问题：《史记》是否为两位太史公的共同创作？或者说，司马谈是否作史？以下试从历史和文本两个角度略作回应。

二、“司马谈作史说”抉发史

根据目前所见资料，唐代之前未有论司马谈作史者（详后），直至唐太宗贞观、高宗显庆年间，相关问题始见。《隋书·经籍一》序曰：“司马谈父子，世居太史，探采前代，断自轩皇，逮于孝武，作《史记》一百三十篇。”[3] 这是认为司马谈、司马迁父子二人相续而纂《史记》。类似描述还见于该志其他地方。此后玄宗贞元年间，司马贞《史记索隐序》开宗明义：“《史记》者，汉太史司马迁父子之所述也。”也是将《史记》的著作权归之于两位太史公。然而，无论是《隋书》，还是《史记索隐》均只见观点、不见论据，未明其说所来何自。嗣后，“司马谈作史说”屡有接受。

至清代，桐城派大家方苞力证此说。其《书〈史记〉十表后》《又书〈太史公自序〉后》分别论述云：

> 迁序十表，惟《十二诸侯》《六国》《秦楚之际》《惠景间

---

1 吴名岗：《太史公为司马谈者辨识》，载《渭南师范学院学报》2017 年第 5 期，第 48—53 页。

2 相关梳理可参考张大可的论文《太史公释名考辨——兼论〈史记〉书名之演变》，载《人文杂志》1983 年第 2 期，第 95—103 页。

3 ［唐］魏征、令狐德棻：《隋书》，中华书局，1973，第 905 页。

> 侯者》，称“太史公读”，谓其父所欲论著也。故于《高祖功臣》，称“余读”以别之。……此数义者，实能“究天人之际、通古今之变”，或迁所闻于父者，信如斯。或其父所未及，而以所学推本焉……其自序曰：“请悉论先人所次旧闻，弗敢阙。”而本纪、八书、世家、列传，无称其父者，故揭其义于斯，则踵《春秋》以及秦灭、汉兴、文景以前，凡所论述皆其父所次旧闻，具见矣。
>
> 《史记》世表曰“太史公读”者，谓其父也，故于己所称，曰“余读”以别之。……本纪十二曰“著”者，其父所科条也，余书曰“作”者，己所论载也。总之曰为《太史公书序》者，明是书乃其父之书，而己不敢专也。[1]

与唐代司马贞等人不同，方苞试图从《史记》文本中寻找“司马谈作史”的痕迹，其最重要的发现就是十表序赞中有“太史公读”“余读”之别，他认为前者谓其父、后者乃自称。但是，正如上文所引，《史记》全书“太史公”一词共出现150多次，绝大多数都是司马迁自称，为何在表中是称其父呢？此其一。其二，《六国年表》序赞：“太史公读《秦记》……余于是因《秦记》，踵春秋之后，起周元王，表六国时事，讫二世，凡二百七十年，著诸所闻兴坏之端。后有君子，以览观焉。”首段以“太史公读《秦记》”领起，末段承之以“余于是因《秦记》”，前后语气一贯，逻辑明畅。方苞只见“太史公读”，而不言“余于是因”，岂能服众？其三，《六国年表》序赞最后说“后有君子，以览观焉”，表明了作表的期待。可见《史记》年表序赞的大体程式为：以“太史公读”或“太史公曰”领起，是为发端；继之“表”“记”“谱”等，是为提要；期待后人“推列”“览观”，是为鹄的。《高祖功臣侯者年表》堪称典型：“太史公曰……余读高祖侯功臣……臣迁谨记高祖以来至太初诸侯，谱其

---

1 ［清］方苞：《方望溪全集》卷二，世界书局，1936，第24、30页。

下益损之时，令后世得览。”因此，十表序赞中所谓的“太史公读”“余读”并不是对举，而是并称，皆是司马迁夫子自道。又，《太史公自序》文末有“著十二本纪”“作十表”“作八书”“作三十世家”“作七十列传”云云，方苞认为其中曰“著”者是司马谈、曰“作”者乃为司马迁。殊不知本篇130条“小序”，每条均是称“作”，十二本纪又何曾例外？如，“维昔黄帝，法天则地，四圣遵序，各成法度；唐尧逊位，虞舜不台；厥美帝功，万世载之。作《五帝本纪》第一”。总之，方苞对“司马谈作史”的论证甚为薄弱，未敢遽信。

不过，方氏从《史记》原文中寻找内证的方法却启示了后来者。现当代以来，不少学者不仅相信“司马谈作史”，而且努力考索其所作篇章，其中以顾颉刚、李长之先生最为特出。顾颉刚先生《司马谈作史》一文认定《史记》是司马谈先著、司马迁增补而成，且从时代、交游等角度论定《刺客列传》《郦生陆贾列传》《樊郦滕灌列传》《张释之冯唐列传》《赵世家》和《游侠列传》为司马谈所作，且《太史公自序》“本亦谈作，迁修改之而未尽”。[1] 李长之先生从生活年代、思想背景和是否避讳等角度，认为《孝景本纪》《律书》《晋世家》《老庄申韩列传》《刺客列传》《李斯列传》《郦生陆贾列传》《日者列传》8篇“可能出自司马谈手笔者”，另外还有“不易辨别为谈著抑迁著者”9篇，即《殷本纪》《秦本纪》《汉兴以来将相名臣年表》《燕召公世家》《宋微子世家》《赵元王世家》《荆燕世家》《乐毅列传》《田单列传》。如此，《史记》中确为司马迁所作者共计有113篇。[2] 顾、李之后，相继而论者不乏其人，如赖长扬、赵生群先生等。张大可先生《司马谈作史考论述评》一文对此有详细分辨，故不赘述。[3] 值得注意的是，该文的结论后来呈现于中国史记研究会所编的《史记教程》第十章《〈史记〉疑案与史公疏略》：

1 顾颉刚：《司马谈作史》，载《史林杂识初编》，中华书局，2005，第226—233页。

2 李长之：《司马迁之人格与风格》，商务印书馆，2017，第136—143页。

3 张大可：《司马谈作史考论述评》，载《青海师范学院学报（哲学社会科学版）》1984年第2期，第85—93页。

虽然，顾颉刚先生等人考论司马谈作史的具体成果应予推倒，而所得结论却是有重大参考价值的。因为自唐以后，司马谈作史功绩被淹没，又唐人论述过于简略。我们应该承认司马谈有整篇的述史，其成果或许不止三十七篇。问题是司马谈的成果司马迁重新作了剪裁熔铸。[1]

考虑到《史记教程》一书的编撰背景和中国史记研究会的性质，我们有理由相信这一结论代表了当前学术界对于“司马谈作史”的主流看法。这一结论一方面承认司马谈有“整篇的述史”——注意，不是“作史”——甚至猜测其成果超过了37篇；另一方面否定了顾颉刚等人考论出的司马谈所作篇章，却又认为其有“重大参考价值”；进而指出，司马谈的述史成果因司马迁的剪裁熔铸已无法辨析，但不能因此否定司马谈“作史”的历史功绩！如此犹疑而暧昧的结论令人困惑——司马谈究竟是“作史”还是“述史”？二者区别又何在？既然不能肯定具体篇章，何以见得其中司马谈的相关成果超过37篇？又何以得出司马迁剪裁熔铸了乃父的相关成果？或许，只有回到源头，问题才能得到澄清。

三、“司马谈作史说”淆乱的起源

“司马谈作史”问题其实本不存在。《汉书·司马迁传》是小太史公最早的传记。其文一则曰：“司马迁据《左氏》《国语》，采《世本》《战国策》，述《楚汉春秋》，接其后事，讫于天汉。其言秦、汉，详矣”；二则曰：“迁既死后，其书稍出。宣帝时，迁外孙平通侯杨恽祖述其书，遂宣布焉”；三则曰：“自刘向、扬雄博极群书，皆称迁有良史之材，服其善序事理，辨而不华，质而不俚，其文直，其事核，不虚美，不隐恶，故

1 中国史记研究会编：《史记教程》，商务印书馆，2011，第381页。

谓之实录”。[1] 可见，两汉时代的学者和历史学家都认为司马迁是《史记》的作者。魏晋时期，也没有人提及“司马谈作史”。《西京杂记》有两处提到了司马迁作《史记》，卷四《司马良史》篇曰：

司马迁发愤作《史记》百三十篇，先达称为良史之才。

又，卷六《书太史公事》篇曰：

汉承周史官，至武帝置太史公。太史公司马谈，世为太史，子迁，年十三，使乘传行天下，求古诸侯史记，续孔子古文，序世事，作传百三十卷，五十万字。谈死，子迁以世官复为太史公……太史公序事如古《春秋》法，司马氏本古周史佚后也……后坐举李陵，陵降匈奴，下迁蚕室。有怨言，下狱死。[2]

衡诸史籍，这段文字错讹颇多。比如，司马迁十三岁即“乘传行天下，求古诸侯史记”、坐举李陵之事“下狱死”云云。然而，即使乖谬若此，该书也未见“司马谈作史”的痕迹。南朝宋时，裴骃作《史记集解》，序文伊始即称引班固《司马迁传》之言，未及司马谈。齐梁时，邹诞生作《史记音义》，该书虽亡，但从其佚文看，没有对《史记》作者问题提出异议。[3] 刘勰《文心雕龙·史传》仅称“史迁各传”，或“班史立纪”，也不及司马谈。[4] 总之，根据目前的资料，唐代之前，司马迁作《史记》是历史共识，所谓“司马谈作史”则无从谈起。

问题还是出在该论调的首倡者《隋书·经籍志》。该志数次提及《史记》，其中关涉其作者问题的有六处。为论述之便，胪列如下：

---

1 ［汉］班固撰、［唐］颜师古注：《汉书》，中华书局，1962，第2737—2738页。
2 ［晋］葛洪：《西京杂记》，中华书局，1985，第25、43页。
3 朱东润：《邹诞生〈史记音义〉辑佚》，载《史记考索》，武汉大学出版社，2009，第136—142页。
4 ［南朝］刘勰撰、黄叔琳注、李详补注、杨明照校注拾遗：《增订文心雕龙校注》，中华书局，2000，第206页。

（1）《经籍一》序：

武帝置太史公，命天下计书，先上太史，副上丞相，开献书之路，置写书之官，外有太常、太史、博士之藏，内有延阁、广内、秘室之府。司马谈父子世居太史，探采前代，断自轩皇，逮于孝武，作《史记》一百三十篇。[1]

（2）《经籍二》正史部所列诸书，首部即是《史记》，并称：

《史记》一百三十卷。目录一卷，汉中书令司马迁撰。[2]

（3）《经籍二》正史部叙录：

汉武帝时，始置太史公，命司马谈为之，以掌其职。时天下计书，皆先上太史，副上丞相，遗文古事，靡不毕臻。谈乃据《左氏》《国语》《世本》《战国策》《楚汉春秋》，接其后事，成一家之言。谈卒，其子迁又为太史令，嗣成其志。上自黄帝，讫于炎汉，合十二本纪、十表、八书、三十世家、七十列传，谓之《史记》。迁卒以后，好事者亦颇著述，然多鄙浅，不足相继。至后汉扶风班彪，缀后传数十篇，并讥正前失。彪卒，明帝命其子固续成其志，以为唐、虞、三代，世有典籍，史迁所记，乃以汉氏继于百王之末，非其义也。……自是世有著述，皆拟班、马，以为正史，作者尤广。一代之史，至数十家。唯《史记》《汉书》，师法相传，并有解释。……梁时……《史记》传者甚微。[3]

1 ［唐］魏征、令狐德棻：《隋书》，中华书局，1973，第905页。
2 同上书，第953页。
3 同上书，第956—957页。

（4）《经籍二》古史部叙录：

自史官放绝，作者相承，皆以班、马为准。[1]

（5）《经籍二》杂传部叙录：

武帝从董仲舒之言，始举贤良文学。天下计书，先上太史，善恶之事，靡不毕集。司马迁、班固，撰而成之，股肱辅弼之臣，扶义俶傥之士，皆有记录。[2]

（6）《经籍二》地理部叙录：

武帝时，计书既上太史，郡国地志，固亦在焉。而史迁所记，但述河渠而已。[3]

以上材料中，第（1）（3）两条声称《史记》是司马谈、迁父子相续而作，但第（2）条自注又径言乃司马迁所作；第（3）条又有“史迁所记”“皆拟班、马，以为正史”云云，与第（4）（6）两条相似，皆不言司马谈；第（5）条前两句与第（1）（3）两条的相关描述类似，但紧接着却说“司马迁、班固，撰而成之”，也未见“司马谈作史”之意。六处表述，抵牾若此，何能信从？

《经籍志》关于此一问题的混乱表述则是源于《隋书》诸志漫长的成书过程、众多的编述撰者和复杂的资料来源。《史通·外篇·古今正史》曰：

初，太宗以梁、陈及齐、周、隋氏并未有书，乃命学士分修。事具于上。仍使秘书监魏征总知其务，凡有赞论，征多预焉。始以贞观三年创造，至十八年方就，合为《五代纪传》，并

1 ［唐］魏征、令狐德棻：《隋书》，中华书局，1973，第959页。

2 同上书，第981—982页。

3 同上书，第987—988页。

> 目录凡二百五十二卷。书成，下于史阁。惟有十志，断为三十卷，寻拟续奏，未有其文。又诏左仆射于志宁、太史令李淳风、著作郎韦安仁、符玺郎李延寿同撰。其先撰史人，唯令狐德棻重预其事。太宗崩后，刊勒始成。其篇第虽编入《隋书》，其实别行，俗称为《五代史志》。[1]

据此，《隋书》纪传和梁、陈、齐、周四朝史同时纂修，自唐太宗贞观三年至十八年（629—644），历经15年方才修成，五书合称《五代纪传》，彼时诸志却只有目录，未有其文。《唐会要》卷六十三："显庆元年五月四日，史官修梁、陈、周、齐、隋五代史三十卷，太尉无忌进之。"[2] 此处的"五代史"即《五代史志》。《旧唐书·高宗纪上》载："七年春正月辛未，废皇太子忠为梁王，立代王弘为皇太子。壬申，大赦，改元为显庆……五月己卯，太尉长孙无忌进史官所撰梁、陈、周、齐、隋《五代史志》三十卷。"[3] 可见，《隋书》诸志直到唐高宗显庆元年（656）才完成。除了历时甚久、编撰者众多外，《隋书·经籍志》的文献来源也颇复杂。《经籍志》总序云："大唐武德五年，克平伪郑，尽收其图书及古迹焉。命司农少卿宋遵贵载之以船，溯河西上，将致京师。行经底柱，多被漂没，其所存者，十不一二。其目录亦为所渐濡，时有残缺。……其旧录所取，文义浅俗、无益教理者，并删去之。其旧录所遗，辞义可采，有所弘益者，咸附入之。远览马史、班书，近观王、阮志、录，挹其风流体制，削其浮杂鄙俚，离其疏远，合其近密，约文绪义，凡五十五篇，各列本条之下，以备《经籍志》。"[4] 这就是说，《隋书·经籍志》除了参酌王世充[5]

1 ［唐］刘知幾：《史通》，载《影印文渊阁四库全书》第685册，台湾商务印书馆，1986，第96页。

2 ［宋］王溥：《唐会要》，中华书局，1955，第1092页。

3 ［后晋］刘昫等：《旧唐书》，中华书局，1975，第75页。

4 ［唐］魏征、令狐德棻：《隋书》，中华书局，1973，第908页。

5 王世充（？—621），字行满，隋末割据群雄之一。在隋时，曾任江都宫监，为炀帝所信任。公元618年，炀帝被杀后，王世充与元文都、卢楚等拥越王杨侗为帝。翌年废侗，自立为帝，国号郑，年号开明。公元621年5月，王世充投降李唐，郑国遂亡；同年7月被杀。

所立郑国的图书目录和史汉载籍外，还损益王俭《七志》、阮孝绪《七录》等私家叙录，来源极其广泛。就文本内容看，《隋书·经籍志》关于司马谈作史的描述显然是混杂了班固《司马迁传》和《西京杂记·书太史公事》的相关内容而成，未足精审，前后抵牾于是在所不免。

同样矛盾的还有司马贞《史记索隐序》。其于序文首句“《史记》者，汉太史司马迁父子之所述也”之后，紧接着说，“迁自以承五百之运，继《春秋》而纂是史。其褒贬核实颇亚于丘明之书。于是上始轩辕，下讫天汉，作十二本纪、十表、八书、三十系家、七十列传，凡一百三十篇”。前句言“司马迁父子”，后句仅举司马迁，孰是孰非？不免令人心生疑窦。

四、历史性时刻的误读与想象

从上节的论述可以看出，无论是《隋书·经籍志》，还是《史记索隐序》，其关于“司马谈作史”的表述都充满了显而易见的矛盾和混乱，不可信从。追根溯源，“司马谈作史”说来自对司马谈“临终遗言”的误读。《太史公自序》云：

> 是岁天子始建汉家之封，而太史公留滞周南，不得与从事，故发愤且卒。而子迁适使反，见父于河洛之间。太史公执迁手而泣曰：“余先周室之太史也。自上世尝显功名于虞夏，典天官事。后世中衰，绝于予乎？汝复为太史，则续吾祖矣。今天子接千岁之统，封泰山，而余不得从行，是命也夫，命也夫！余死，汝必为太史；为太史，无忘吾所欲论著矣。且夫孝始于事亲，中于事君，终于立身。扬名于后世，以显父母，此孝之大者。夫天下称诵周公，言其能论歌文武之德，宣周邵之风，达太王王季之思虑，爰及公刘，以尊后稷也。幽厉之后，王道缺，礼乐衰，孔子修旧起废，论《诗》《书》，作《春秋》，则学者至今则之。自

获麟以来四百有余岁，而诸侯相兼，史记放绝。今汉兴，海内一统，明主贤君忠臣死义之士，余为太史而弗论载，废天下之史文，余甚惧焉，汝其念哉！”迁俯首流涕曰：“小子不敏，请悉论先人所次旧闻，弗敢阙。”

面对老太史公的死别叮咛，小太史公泪流满面，凄然誓言“请悉论先人所次旧闻，弗敢阙”。这个极具历史和文化意义的时刻，也被视为两代太史公相续纂史的切证。

前引方苞《书〈史记〉十表后》所谓“凡所论述皆其父所次旧闻，具见矣”[1]，将“先人”径直置换为“其父”，其意不言自明。顾颉刚先生解释此句说：“是谈已有其所次之旧闻，迁乃弗敢堕而悉论之也。……‘论’字……犹今言‘编辑’；先人已次旧闻，兹更编理之耳。谛审上数语，谈既立其著作之宗旨与计划，又已积累若干稿本甚明。”[2] 顾先生也认为此句中的“先人”是指司马谈。但是，一个显而易见的问题是：儿子面对自己的父亲，哪怕是在其临终时，可以称其为“先人”吗？当然不可以！历来的《史记》训释著述中，少有注目于此者。日人泷川资言觉察到了，并试图加以圆通：“先人，犹言父祖。司马氏世为史官，故云，非斥谈。”[3] 这个解释的前一句没有问题，后一句却有些暧昧。泷川资言注意到司马迁该语的失礼之处或者《史记》此言的不合理之处，但牵合“父祖”而以之为统称并不能解决问题。因为司马迁的祖父司马喜、曾祖司马无泽、高祖司马昌、六世祖司马靳以及八世祖司马错均不是史官，所谓“世为史官”不过是虚言统称而已。再者，所谓的“父祖”，“司马谈”依然包括其中啊，何以能径称“先人”！另外，所谓“斥谈”云云，甚不可解，不知何自。据笔者统计，《史记》全书“先人”一词除此处外，还出现了20次，均指已经逝去的祖先或前人，无一例外。所以，这里的

1　［清］方苞：《方望溪全集》卷二，世界书局，1936，第24页。
2　顾颉刚：《司马谈作史》，载《史林杂识初编》，中华书局，2005，第229页。
3　［汉］司马迁撰、［日］泷川资言考证：《史记会注考证》，文学古籍刊行社，1955，第5199页。

“先人”不可能是指司马谈！易宁先生认为此处的“先人”是指“世为史官的司马氏先祖和孔子”，理由是：

> 依司马谈父子说，司马氏先祖唐虞时“尝掌斯事”，其历史述作当始于陶唐，历夏商而至周，春秋时中衰，因有孔子论《诗》《书》，作《春秋》。那么，自陶唐以来至孔子《春秋》绝笔（即“麟止”）所流传下来的官方历史载籍和儒家典籍文献，都属于“先人所次旧闻”，而“先人所次旧闻”所记载，反映的又正是“陶唐以来至于麟止”的历史，司马迁“悉论”之。那么，“卒述陶唐以来至于麟止”一语不过是“悉论先人所次旧闻”的换个说法而已。[1]

此论基于《史记》文本和司马氏职官而发，令人耳目一新。从司马谈的遗言“余先周室之太史也”和司马迁后来的追叙“余维先人尝掌斯事”等来看，将“先人”解释为春秋之前世为史官的司马氏先祖，尚可理解。如此一来，不仅“司马谈作史”问题不复存在，而且司马谈曾经整理、编辑相关资料以备著史也显得可疑。不过，将“孔子”涵括于司马迁口中的“先人”，似不甚当。司马迁所谓“悉论先人所次旧闻”，是承司马谈“余先周室之太史也”之言而说，既然“先”字前加“余”字，明显是指司马氏，而不能兼该他人。此其一。其二，“先人”一词确有“逝去的前人”之意，但情感色彩一般较为平淡且倾向性不浓。司马迁尊孔子为“至圣”，于此至关重要的论述中仅以“先人”称之，殊难理解。其三，既然孔子业已“修旧起废，论《诗》《书》，作《春秋》”，何能再称“所次旧闻”？“官方历史载籍”或许可以称之以“旧闻”，但将《诗》《书》《春秋》等儒家经典视为“旧闻”，岂不可怪？

笔者以为，要理解此处“先人”的意思，必须先弄清楚“旧闻”之

1　易宁、易平：《“司马谈作史”说质疑》，载《北京师范大学学报》2004 年第 1 期，第 72 页。

所指。司马谈在遗言中说："今汉兴，海内一统，明主贤君忠臣死义之士，余为太史而弗论载。"可见，司马谈欲论载的是"汉兴之史"，并非黄帝以来的华夏通史。其所谓"明主贤君忠臣死义之士"，紧接"海内一统"之后，明显也是指称"汉兴之士"。那么，他们究竟是谁？他们做过哪些事情触动了老太史公而令其欲论载？所谓"废天下之史文"中的"史文"，又究竟指哪些？这些问题的答案，或许就潜隐于《太史公自序》之中。在该文的结尾，司马迁说："维我汉继五帝末流，接三代绝业。周道废，秦拨去古文，焚灭诗书，故明堂石室金匮玉版图籍散乱。于是汉兴，萧何次律令，韩信申军法，张苍为章程，叔孙通定礼仪，则文学彬彬稍进，诗书往往间出矣。自曹参荐盖公言黄老，而贾生、晁错明申、商，公孙弘以儒显，百年之间，天下遗文古事靡不毕集太史公。"所谓"章程"，《史记集解》引如淳之言曰："章，历数之章术也。程者，权衡丈尺斛斗之平法也。"又引傅瓒之言曰："茂陵书'丞相为工用程数其中'，言百工用材多少之量及制度之程品者是也。"萧何、韩信、张苍、叔孙通、曹参、贾谊、晁错、公孙弘等西汉将相名臣，在司马迁作史之时均已作古，其人其行，或有可议，但确乎皆关涉"汉兴"，其"遗文古事"自然也就是汉兴"百年之间"的"旧闻"。所以，从文本角度看，如果"请悉论先人所次旧闻"这句话没有舛伪的话，所谓"先人"或许就是指西汉开国以来的将相名臣；所谓"先人所次旧闻"，可能就是指这些人所申述论定的律法军令、历数章术、百工量制、礼仪程式、诗文史著及相关逸闻；所谓"悉论先人所次旧闻"，也就是将其人、其事、其闻厥协整齐，布列《史记》诸篇。当然，这是司马迁在其父亲弥留之际的想法，至于后来他何以将"汉兴之史"扩展为三千年之史，那就是另外一个问题了。[1]

---

1 袁师传璋先生认为《史记》的叙事下限因司马迁的人生遭际和时代剧变而有三次更张，并使其书由颂汉尽忠之史升华为拨乱反正之经。详参其著《太史公生平著作考论》。（安徽人民出版社，2005，第20—27页）

综上所论，“先人所次旧闻”这句话中的“先人”无论如何都不可能是指司马谈，司马谈也未曾作史。事实上，司马谈的遗言说得非常清楚：“无忘吾所欲论著矣”“余为太史而弗论载，废天下之史文，余甚惧焉，汝其念哉”，一丝两气，临终郁结之处乃是欲论未行、思而未就。所谓司马谈编理、积累若干稿本之说不过是对此言的误读。有学者试图运用大数据和“文本词汇频率统计工具”，以《史记》三十篇世家文本为对象，比较司马谈、司马迁、续史者三人运用虚词字频的差异，以求证《史记》世家篇章的作者。[1] 此一方法殊具当代性，只是如果连“三人作史”的前提都有疑问，又如何确证结论的可靠性呢？

其实，在初唐和盛唐之初，并不是所有人都认同“司马谈作史论”。唐玄宗开元二十年（732）司马贞卒，在他辞世后的第五年，即玄宗开元二十四年（736），张守节完成《史记正义序》，开篇即云：“《史记》者，汉太史公司马迁作。”而在司马贞辞世前二十三年，即唐中宗景龙四年（710），刘知幾撰成《史通》，其《古今正史篇》曰：“孝武之世，太史公司马谈欲错综古今，勒成一史，其意未就而卒。子迁乃述父遗志，采《左传》《国语》，删《世本》《战国策》，据楚汉列时事，上自黄帝，下讫麟止，作十二本纪、十表、八书、三十世家、七十列传，凡百三十篇，都谓之《史记》。”[2] 司马贞可能读过这位同代史学家的著述，但不知何故，却对《太史公书》的作者问题纠缠两可，一言之“司马迁父子”，再言之“司马迁”。或许，这是对两代太史公相续纂职、创为历史文化巨制的美好想象吧！老太史公虽然未能作史，但其临终遗言促使小太史公决心撰述《史记》，以完成对父亲、先祖和历史的承诺和使命，而且他最终做到了！就此而言，司马谈对《史记》的贡献不容忘却！

---

1 邱诗雯：《〈史记〉作者数位化研究初探——以〈三十世家〉虚字字频为例》，载《数位典藏与数位人文》2018 年第 2 期，第 49—69 页。

2 ［唐］刘知幾：《史通》，载《影印文渊阁四库全书》第 685 册，台湾商务印书馆，1986，第 89 页。

第二节
“世典周史”：两太史公的发愤著史之心

《述古(其四)》

（明·胡俨《颐庵文选》卷下）

马迁述世业，博洽靡不通。蚤游燕赵间，飘飘气豪雄。
发愤垂制作，独见不相蒙。驰骋要逸驾，凌厉六合中。
岂不念笔削，斧衮齐化工。蚕室有余悲，隐辞寓深衷。
缅彼班范流，藩篱守遗踪。

一、西汉太史令不主修史

老太史公司马谈，生年不详，卒于武帝元封元年（前110）。关于其生平行事，《太史公自序》略有述及：“太史公学天官于唐都，受《易》于杨何，习道论于黄子。太史公仕于建元、元封之间。”唐都是当时著名的星象学家，杨何是《易》学专家，黄子即黄生，是黄老学派的学者，可见司马谈学兼诸家，不宗于一。

汉武帝建元年间（前140—前135），司马谈任太史令。《汉书·艺文志》“《苍颉》一篇”注云：“上七章，秦丞相李斯作；《爰历》六章，车府令赵高作；《博学》七章，太史令胡母敬作。”[1] 可见，太史令作为官

1 ［汉］班固撰、［唐］颜师古注：《汉书》，中华书局，1962，第1719页。

职，秦已置之，西汉因之。景帝中元六年（前144），隶太常。《后汉书志》卷二十五“太常”条下云：“太史令一人，六百石。本注曰：掌天时、星历。凡岁将终，奏新年历。凡国祭祀、丧、娶之事，掌奏良日及时节禁忌。凡国有瑞应、灾异，掌记之。丞一人。明堂及灵台丞一人，二百石。本注曰：二丞，掌守明堂、灵台。灵台掌候日月星气，皆属太史。”[1]从这一记载来看，太史令主掌天时星历、祭祀礼仪、记录祥瑞灾异等，没有提到述史。《后汉书·光武帝纪》载，中元元年（56）夏，“京师醴泉涌出，饮之者固疾皆愈，惟眇、蹇者不瘳。又有赤草生于水崖。郡国频上甘露。群臣奏言：‘地祇灵应而朱草萌生。孝宣帝每有嘉瑞，辄以改元，神爵、五凤、甘露、黄龙，列为年纪，盖以感致神祇，表彰德信。是以化致升平，称为中兴。今天下清宁，灵物仍降。陛下情存损挹，推而不居，岂可使祥符显庆，没而无闻？宜令太史撰集，以传来世。’”[2] 此一记载与职官志所叙述的太史职责若合符契。西汉贾谊《新书·傅职》云：“不知日月之不时节，不知先王之讳与国之大忌，不知风雨雷电之眚，凡此其属，太史之任也。”[3] 此处的“太史”是指“太史令”。又，《汉书·艺文志》载，汉成帝时，“诏光禄大夫刘向校经传诸子诗赋，步兵校尉任宏校兵书，太史令尹咸校数术”[4]。可见，掌奏节侯时令、禨祥灾异、天象星历等是太史之责，这与《后汉书》所记并无差别。

《史记》当中多次提到了太史令的职责。《史记·历书》：

> 太史公曰：神农以前尚矣。盖黄帝考定星历，建立五行，起消息，正闰余，于是有天地神祇物类之官，是谓五官。各司其序，不相乱也。

---

1 ［晋］司马彪撰、［南朝梁］刘昭补注：《后汉书志》，载［南朝宋］范晔撰、［唐］李贤等注《后汉书》第11册，中华书局，1965，第3572页。

2 ［南朝宋］范晔撰、［唐］李贤等注：《后汉书》，中华书局，1965，第82—83页。

3 ［汉］贾谊：《新书》，《二十二子》本，上海古籍出版社，1985，第745页。

4 ［汉］班固撰、［唐］颜师古注：《汉书》，中华书局，1962，第1701页。

又，《天官书》：“太史公推古天变，未有可考于今者。”可见，在太史令的知识结构中，五行星象、阴阳消息等是基本内容，朔闰考定、推古天变也是必备技能。《封禅书》又载，元鼎四年（前 113），“有司与太史公、祠官宽舒议：‘天地牲角茧栗。今陛下亲祠后土，后土宜于泽中圜丘为五坛，坛一黄犊太牢具，已祠尽瘗，而从祠衣上黄。’”次年，“太史公、祠官宽舒等曰：‘神灵之休，祐福兆祥，宜因此地光域立太畤坛以明应。令太祝领，秋及腊间祠。三岁天子一郊见。’”这是说司马谈与同僚讨论祠后土、立太畤坛等祭祀典礼之事。以上所记，均未超出《后汉书志》所记太史令职守之范畴。

值得注意的是，《史记·太史公自序》特别提到：“太史公既掌天官，不治民。”又，《汉书·律历志》云：

> 武帝元封七年，汉兴百二岁矣，大中大夫公孙卿、壶遂、太史令司马迁等言“历纪坏废，宜改正朔”……乃诏迁用邓平所造八十一分律历……以平为太史丞。[1]

司马谈掌天官而不治民，说明太史令这个职位与直接治国理政的其他官守很不一样，它面向“天”而不面对“民”，所以司马迁才特意强调这一点；而司马迁自己成为太史令后所做的第一件大事就是上书改历，属于天官职能范畴。所以，从史志的职官表述及司马谈、迁父子的履责情况来看，太史令并没有作史的职责。问题是，司马谈、迁父子为什么认为自己肩负作史之责？

二、“司马氏世典周史”质疑

《太史公自序》首段乃司马迁追叙家世，且远溯至尧舜之时。其文

1 ［汉］班固撰、［唐］颜师古注：《汉书》，中华书局，1962，第 974—976 页。

曰：“昔在颛顼，命南正重以司天，北正黎以司地。唐虞之际，绍重、黎之后，使复典之，至于夏商，故重黎氏世序天地。其在周，程伯休甫其后也。当周宣王时，失其守而为司马氏。司马氏世典周史。”从后文看，关于家世的传说应该是来自父亲的教诲。

《太史公自序》两引司马谈之言：

> 余先周室之太史也。自上世尝显功名于虞夏，典天官事。后世中衰，绝于予乎？汝复为太史，则续吾祖矣。
>
> 余维先人尝掌斯事，显于唐虞，至于周，复典之，故司马氏世主天官。

上引两段话是司马谈向儿子追溯先祖的职守。揆诸情理，司马迁应该聆听过很多次类似谈话。司马迁所叙，明显是整合其父所言，从而勾勒出先祖职掌流变的“路线图”：自唐虞之后世为天官，至周宣王时失其官守而为史官，并世典周史。在这个先祖职守图谱中，所谓“司马氏世典周史”，甚为可疑。《索隐》案曰：

> 此“天官”非《周礼·冢宰》“天官”，乃谓知天文星历之事为天官。且迁实黎之后，而黎氏后亦总称重黎，以重本司天，故太史公代掌天官，盖天官统太史之职。言史是历代之职，恐非实事。

西周自武王立国，历经成、康、昭、穆、共、懿、孝、夷、厉诸王而至宣王，继其后者乃幽王、平王，而后者在幽王被杀后被迫东迁洛邑，中国历史也进入春秋时代。司马迁称其先人在周宣王时失其守为司马氏，此时已当王朝末期，怎能称之为“世典周史”？司马贞所疑，并非向壁虚构。

关于司马氏先祖的传承谱系，令人疑惑之处不止于此。依司马迁所叙，重、黎二氏二正，本来各有所出，及至夏、商，重黎氏合二为一，世序天地，程伯休甫即为两氏之后。至于何以如此、何时如此，司马迁并未交代。《索隐》的解释是："今总称伯休甫是重黎之后者，凡言地即举天，称黎则兼重，自是相对之文，其实二官亦通职。然休甫则黎之后也，亦是太史公欲以史为己任，言先代天官，所以兼称重耳。"以互文来理解"南正重以司天，北正黎以司地"，确是敏锐之见；且上古沟通天地，天官、地官，职责相当，理应互为支撑。不过，司马迁"欲以史为己任"，为什么一定要追溯并声称自己的先祖为天官？不仅如此，司马谈在遗言中称先祖在虞夏之时掌天官，后世中衰，而不言衰于何时，又说先祖在周时为太史。但是，在第二段话中，司马谈称先祖世掌天官，至周代而复典之，却不言太史之任。可见，在两代太史公的认知和构想中，天官与太史，在职守上是相通的，或者说，他们认为天官是太史的源头。在一般的理解中，天官沟通天地以为人间法则，太史记录兴衰成败而为世事镜鉴。问题是，司马谈、迁父子为什么认为二者职守相通相续？

三、"两太史公"的发愤著史之心及其迁变

"太史"一词，甲骨卜辞常见。如，"乙丑卜，出贞，大（太）史壬酒、先酒"（《前》4.34.1）；"利令。其隹（惟）大（太）史寮令"（《前》5.39.8）；"贞，于来丁酉，大（太）史易日"（《续》2.6.4）。张亚初、刘雨曾梳理过金文文献，认为西周太史为史官之长，"掌管西周王国的文书起草，策命诸侯卿大夫，记载国家之大事，编著史册，管理天文、历法、祭祀之事，并掌管图书典籍。他是一种兼管神职与人事，观察记载社会动态和自然现象的职官"[1]。可见，殷周太史，上宣王诏、策命诸侯，下著史册、载录要务，兼掌星历、宣导祭仪，天人之际、君臣之事，出入枢机，地位崇隆。商周太史所掌，与册书载籍的一般史官并不相同，却正是虞夏天官之职。司马谈、迁父子有意无意，混两职为一，缕述

1 张亚初、刘雨：《西周金文官制研究》，中华书局，1986，第27页。

先世谱系，追怀家族荣耀，并不是沉湎于往昔，而是感喟于当世。秦汉以降，太史令与古已有之的太史，名有因袭、责有重合，位则不同、尊卑殊异。两汉时期，太史令是九卿之一的太常的属官之一。《汉书·百官公卿表》列述太常，表其属官太乐、太祝、太宰、太史、太卜、太医六令丞，但竟不举太史之具体执掌，职卑位低，可见一斑。司马迁对此心知肚明，并深感痛楚。《报任少卿书》云：“文史星历，近乎卜祝之间，固主上所戏弄，倡优畜之，流俗之所轻也。”[1] “近乎”一词，其实已是讳言，卜祝之事，固乃太史令所掌。不忍于今，故念于昔。小太史公的沉痛，正是古今变幻的曲折反映。

“主上所戏弄，倡优畜之”，并非司马迁的褊急之辞。据《封禅书》记载，汉武帝自元鼎四年（前113）在汾阴得宝鼎以来，就一直与公卿诸儒议封禅之事。封禅是受命而王、功成治定的国之大典，非王者盛世不行。《封禅书》开篇云：“自古受命帝王，曷尝不封禅？盖有无其应而用事者矣，未有睹符瑞见而不臻乎泰山者也。虽受命而功不至，至梁父矣而德不洽，洽矣而日有不暇给，是以即事用希。”在司马迁看来，封禅有四个条件，即受命、功至、德洽、暇给。至于封禅的目的，据阮芝生先生的总结，有受命告代、报功追本、巡守考绩、以报民德四项。[2] 但汉武帝封禅的目的却不单纯。《后汉书·祭祀志》云：“初，孝武帝欲求神仙，以扶方者言黄帝由封禅而后仙，于是欲封禅。”[3] 欲求神仙以长生不死，这是武帝的痴心，但他又不能明说。元封元年（前110），武帝决意封禅。

> 封禅用希，旷绝莫知其仪礼，而群儒采封禅《尚书》《周官》《王制》之望祀射牛事。齐人丁公年九十余，曰：“封禅者，合不死之名也。秦皇帝不得上封。陛下必欲上，稍上即无风雨，

1 ［汉］司马迁：《报任少卿书》，载［梁］萧统编、［唐］李善注《文选》卷四十一，上海古籍出版社，1986，第1860页。

2 阮芝生：《三司马与汉武帝封禅》，载《台大历史学报》1996年第20期，第307—340页。

3 ［晋］司马彪撰、［南朝梁］刘昭补注：《后汉书志》，载［南朝宋］范晔撰、［唐］李贤等注《后汉书》第11册，中华书局，1965，第3163页。

> 遂上封矣。”上于是乃令诸儒习射牛，草封禅仪。数年，至且行。天子既闻公孙卿及方士之言，黄帝以上封禅，皆致怪物与神通，欲放黄帝以上接神仙人蓬莱士，高世比德于九皇，而颇采儒术以文之。群儒既已不能辨明封禅事，又牵拘于《诗》《书》古文而不能骋。上为封禅祠器示群儒，群儒或曰“不与古同”，徐偃又曰“太常诸生行礼不如鲁善”，周霸属图封禅事，于是上绌偃、霸，而尽罢诸儒不用。

群儒不明就里，不知道武帝已听信方士之言，欲“致怪物与神通”“上接神仙人蓬莱士”；更不知皇帝咨询于己，不过是想缘饰儒术而已；且迂执于古，遍检载籍却不知道封禅如何可以“合不死之名”。于是，汉武帝“尽罢诸儒不用”。《太史公自序》说：“是岁天子始建汉家之封，而太史公留滞周南，不得与从事。”可见，同时被罢用的还有司马谈。

天官所职，在于沟通天地。封禅大典，祭天祀地，身为天官之后且执掌卜祝祭仪的太史令却被罢黜不用，帝王所信用的反而是痴言长生、妄说不老的方士。这让司马谈如何不悲愤？天官职责的失守，不是司马氏家族的失职，而是历史变化所致。专制政体下的帝王，肆意妄行，全在一心之间，儒生、天官不过是畜养的工具而已，一旦于己意不合，摒而弃之，何曾犹疑？兢兢于天命，惴惴于德性的圣人时代，一去不复返了！司马谈的“发愤且卒”，在某种意义上，是理想中的古典圣人治世终结的标志，而老太史公正是这个时代的殉道者之一。“往者不可谏，来者犹可追。”天官的历史使命既已湮灭，但作为太史令，尚可“续吾祖”，以著史为志。周公制礼作乐，为天下立法；及至春秋，王道缺、礼乐衰，孔子论《诗》《书》、作《春秋》，为学者世范。为了坚定儿子的著史决心，司马谈指出，周公法先王而天下治，孔子作《春秋》而学者则之，希望司马迁能继承先贤志向，明确著史目标。司马谈去世三年后，司马迁继为太史令，在完成太初历的订定之后，小太史公借由与上大夫壶遂的论辩，阐述了自己的著史理想和基本框架，其逻辑起点依然是“先人”。两代太史公经由先世谱系及其职守变迁的论述发端，将著史盛业融摄于家族使命，以孔子《春秋》自效，谋为当世鉴和未来法。诚如王子今先生所言：“司马谈司马迁父子有自比孔子而‘继《春秋》’之志，他们期待自己的史学著作能够在政治层面和文化层面对‘王道’和‘礼乐’都能产生积极的影响，使后世‘学者’能够世代‘则之’。”[1] 不过，司马迁的著史论述较之其父显然更周全，且目标更明确。

其一，司马谈的先人论述尚见犹疑，司马迁则重列世序，将天官与史官均规约为“吾家事”，在突出家族荣耀的同时，也为自己著史张本。其二，司马谈关于孔子作《春秋》的论述止于补敝起废，为学者则之，而司马迁则将其明确为拨乱反正，为最高典范。司马迁回忆父亲的话说：“先人有言：‘自周公卒五百岁而有孔子。孔子卒后至于今五百岁。有能绍明世，正《易传》，继《春秋》，本《诗》《书》《礼》《乐》之际?’意在斯乎！意在斯乎！小子何敢让焉。”事实上，在临终遗言中，司马谈的相关论述较为简单。他声称，“自获麟以来四百有余岁”。实际上，自鲁哀公十四年（前 481）获麟，至汉武帝元封元年（前 110），实际仅 371 年。司马迁大约是受此启发，以孟子“五百年必有圣人出”的理论涵容其父之言，暗示以己身荣膺“当代孔子”的历史合理性。另一方面，司马谈在遗言中并未提到《易》，但司马迁却统观“六经”，纵论其社会价值，认为“《春秋》者，礼义之大宗也”，并指出“拨乱世反之正，莫近于《春秋》”，将《春秋》的治世功能从“六经”抽离出来，赋予其最高价值，从而引申出“继《春秋》”著史的神圣性和永恒性。其三，司马谈的著史梦想是辅弼王权、修旧起废，其指向是当代，而司马迁的理想是推究天人、见盛观衰和立言不朽的合一，既指向过去和未来，也指向个体生命。天官职守的失落，令司马谈对汉武帝充满失望，也让他明白以天

1 王子今：《千秋太史公：司马迁的史学与人类学》，书海出版社，2018，第 659 页。

官辅弼圣王的时代一去不返。尽管如此，他对汉武帝依然只有委婉的批评而已。《论六家之要指》云："夫神大用则竭，形大劳则敝。形神骚动，欲与天地长久，非所闻也"；又曰："不先定其神，而曰'我有以治天下'，何由哉?"这是对汉武帝不明道术本相、缘饰儒术、醉心神仙而妄求长生的讽谏。司马谈念兹在兹，留给儿子的最后一句话是："今汉兴，海内一统，明主贤君忠臣死义之士，余为太史而弗论载，废天下之史文，余甚惧焉，汝其念哉!"可见，司马谈期待的是一部表彰盛世的当代史。司马迁在经历人生的根本性转捩后，将幽于缧绁、身毁不用的耻辱和孤愤融入历史思考和当代观察，以"究天人之际，通古今之变，成一家之言"为目标，以"继《春秋》"为价值，完成一部万世之史。

"悲哉执手泣，论著谨毋忘。"[1] 在与壶遂辩论的最后，司马迁说："且余尝掌其官，废明圣盛德不载，灭功臣世家贤大夫之业不述，堕先人所言，罪莫大焉。余所谓述故事，整齐其世传，非所谓作也，而君比之于《春秋》，谬矣!"所谓圣君盛德、功臣伟业、先人之言和家族使命，不过是堵住悠悠之口和应对毁谤腹诽的设辞而已。我们相信，在那一时刻，在他深邃的目光中，已然看见"第二《春秋》"屹立于千万年的历史中!

1 ［宋］林同：《司马迁》，载北京大学古文献研究所编《全宋诗》卷三四一八，北京大学出版社，1998，第40613页。

第三节
《孔子世家》：司马子长的尊圣悲孔之心

《司马迁》

（宋·秦观《淮海集》卷二）

子长少不羁，发轫遍丘壑。晚遭李陵祸，愤悱思远托。
高辞振幽光，直笔诛隐恶。驰骋数千载，贯穿百家作。
至今青简上，文彩炳金雘。高才忽小疵，难用常情度。
譬彼海运鹏，岂复顾缯缴。区区班叔皮，未易议疏略。

自班固指斥司马迁“是非颇缪于圣人，论大道则先黄老而后六经，序游侠则退处士而进奸雄，述货殖则崇势利而羞贱贫”以来[1]，如何理解所谓“论大道则先黄老而后六经”即成为治丝益棼的难题[2]；又因《孔子世家》乃是至圣先师的正史首传，系绊而及的辩题遂有“《史记》是否失其大本”之类。论难归于文本，则凝集成两端：其一，在体例上，司马迁是否应该将孔子列入“世家”作传？其二，在内容上，太史公记录的孔子言行究竟有多可靠？本节将通过这两个问题的考察与回应，略窥太史公之心。

1　［汉］班固撰、［唐］颜师古注：《汉书》，中华书局，1962，第2737—2738页。

2　相关述评可参宋超《“论大道则先黄老而后六经”再评议》，载《周口师范学院学报》2003年第1期，第78—82页。

一、孔子之传：挂靠“列传”还是入籍“世家”？

司马迁将孔子列入“世家”作传，且记其言行甚为详赡，与项羽、刘邦之传鼎足而称。然而，孔子究竟该不该、能不能入传“世家”却引起了莫大的争议。赞同者甚以为然，其中尤以清人李景星的推崇最堪代表。其《史记评议》云：

> 太史公作《孔子世家》，其眼光之高、胆力之大、推崇之至，迥非汉唐以来诸儒所能窥测，故刘知幾、王安石辈皆横加讥刺，以为自乱其例，不知史公之不可及处，正在此也。揭其要旨，厥有三端：孔子以布衣为万世帝王师，泽流后裔，历代罔替，任何侯王，莫之能比。史公列之于世家，是绝大见识。其不可及者一也。天地日月，难以形容；圣如孔子，亦难以形容。孟子称为“圣之时”，已是创论。而史公世家，更称之为“至”，尤为定评。自是之后，遂远不能易矣。其不可及者二也。王侯世家，各以即位之年纪；孔子无位，则以本身之年纪。等匹夫于国君，侔德行于爵位，尚德若人，是之谓矣。其不可及者三也。[1]

李景星指出，孔子以一布衣而为万世师表，又以至圣名世，皆是司马迁非同一般的见识而致；太史公更以孔子生年为其传略脉线，等同帝王在位纪年，更见推崇之至。总之，正是司马迁的卓识远见，上不跻本纪，下不侪列传，独传之以世家，才奠定了孔子万世不易的圣人地位。斯论横阔，鞭辟入里，当可信从。

对于司马迁列孔子入世家的具体原因，绝大多数学者认为是司马迁尊

1 ［清］李景星著、陆永品点校：《史记评议》，上海古籍出版社，2008，第140—141页。

孔，一如李景星所言。如丁晏《史记余论》：“史公极尊圣人之道，故列之世家，若老子则仍为列传。”[1] 也有少数学者认为这是“自纪其实”。郭嵩焘在《史记札记》中说：“案高帝始以太牢祀孔子，太史公适鲁得观孔子庙堂，诸生以时习礼其家。……史公列孔子于《世家》，自纪其实而已，儒者或誉之，或毁之，盖皆未达其旨也。”[2] 金傚基从体例的角度认为这是《史记》的一种“创例”，其《学海堂四集》卷十七云：“史有定例，有创例。凡公侯传国者曰世家，定例也；置孔子于世家，创例也。”[3] 当然，反对者则力论其非。他们认为以道德论，孔子当列之本纪；以爵位论，孔子当置之列传，而将其放入世家则是自相矛盾之举。此论的代表就是李景星所批评的王安石。王氏《孔子世家议》云：

> 太史公叙帝王则曰本纪，公侯传国则曰世家，公卿特起则曰列传，此其例也。其列孔子为世家，奚其进退无所据耶？孔子，旅人也，栖栖衰季之世，无尺土之柄，此列之于传宜矣，曷为世家哉？……夫仲尼之才，帝王可也，何特公侯哉？仲尼之道，世天下可也，何特世其家哉？处之世家，仲尼之道不从而大；置之列传，仲尼之道不从而小。而迁也自乱其例，所谓多所抵牾者也。[4]

史有定例，亦有创例，前者因应于著述逻辑，后者应变于历史事实，史家依循逻辑而不为逻辑所制，方能揭示历史的常道与异变以及欲寄寓于其间的感喟。此正是龙门之史的卓绝处。王安石牵于体例而驳议史迁，谓其抵牾云云，不惟未及根本，亦未洞悉太史公之心。王应麟《困学纪闻》卷

1 杨燕起等汇辑：《史记集评》，载张大可等主编《史记研究集成》第六卷，华文出版社，2005，第415页。

2 ［清］郭嵩焘：《史记札纪》卷四，商务印书馆，1957，第199页。

3 杨燕起等汇辑：《史记集评》，载张大可等主编《史记研究集成》第六卷，华文出版社，2005，第416页。

4 ［宋］王安石：《孔子世家议》，载郭预衡、郭英德主编《唐宋八大家散文总集》卷五，河北人民出版社，2013，第4243—4244页。

十一《史记正误》认可王论，又引宋人李复之言曰："欲尊大圣而反小之，其所以称夫子者，识会稽之骨，辨坟羊之怪，道楛矢之异，测桓、釐之灾。斯以为圣而已矣，何其陋也！"[1] 此论亦如王说，执末论本，庶几远矣！

细观以上诸家所论，可以发现，无论是赞同者还是反对者，他们都是从主体，即传主孔子的入传资格立论的，而并未虑及客体，即"世家"这一传记体例的历史渊源和实际应用情况。也就是说，在论者的意识里，"世家"如"本纪""列传"一样，在司马迁时代是业已成型的作史定例，其传述体式、传主的入选标准也已确定，而史家要做的只是遴选人物以对号入座。其实，这是莫大的误解。所谓"世家"是记录列国诸侯史的纪传体例，其义即如司马贞《史记索隐》所说"记诸侯本系也，言其下及子孙常有国"；然而所谓"叙帝王则曰本纪，公侯传国则曰世家，公卿特起则曰列传"的述史规范显然是后人确立的。在司马迁及其之前的时代，其义例是否亦是如此呢？这就涉及"《史记》五体"的源流问题了。

关于"本纪""表""书""世家""列传"这五种体例是否是司马迁的首创，前人有三种不同的意见。其一，五体皆太史公首创。明代学者徐中行在《刻史记评林序》中说司马迁"志继麟止，则上历于黄帝，而变其编年，各自以为义。前无所袭，后以为法"[2]。其二，五体均有所本，非司马迁首创。章学诚《文史通义·书教下》云："纪传虽创于史迁，然亦有所受也。观于《太古年纪》《夏殷春秋》《竹书纪年》，则本纪编年之例，自文字以来，即有之矣。"[3] 其三，五体中或有因袭，或为史迁独创。赵翼《廿二史札记》卷一："本纪。古有《禹本纪》《尚书》《世纪》等书，迁用其体……古来本有世家一体，迁用之以记王侯诸国……《史记》

1 ［宋］王应麟著，［清］翁元圻等注，栾保群、田松青、吕宗力校点：《困学纪闻（全校本）》，上海古籍出版社，2008，第1370页。

2 ［明］徐中行：《刻史记评林序》，载［明］凌稚隆辑校、［明］李光缙增补、［日］有井范平补标《补标史记评林》卷首，兰台书局，1968，第5页。

3 ［清］章学诚著、叶瑛校注：《文史通义校注》，中华书局，1985，第52页。

作十表，昉于周之谱牒……八书乃史迁所创……《汉书》因之作十志。”[1]

以上诸说孰是孰非？翻检《史记》本文便可知悉。事实上，司马迁在《史记》中一再提及，他对前人是有所沿袭的。在《三代世表》的论赞中，他说：“余读谍记，黄帝以来皆有年数。……于是以《五帝系谍》《尚书》集世纪黄帝以来讫共和为《世表》。”另外，《大宛列传》两引《禹本纪》，而且《伯夷列传》亦有“其传曰”之言。太史公业已申明本纪、列传和表均有所本。“前无所袭”说当可破产。至于“世家”，司马迁虽未明言，但早在春秋战国时代，就有了分诸侯国记史的各国史书流行，如楚之《梼杌》、晋之《乘》等，它们与“世家”分记诸侯传国史事的体例相仿。司马迁自称出身史官世家，就任太史令后曾“紬史记石室金匮之书”，有机会阅读、缀集、抄撮珍稀图书和各国史集，于此定然有所了解与体会。既然他自言“本纪”“列传”诸体是有本而创，那“世家”体在此一优势条件下因袭前人而创不也是可以理解的吗？所以，“《史记》五体”并不是司马迁的首创而是均有借鉴的再创造。诚如梁启超所言：“诸体虽非皆迁所自创，而迁实集其大成，兼综诸体而调和之，使互相补而各尽其用。”事实上，将其视为因应前人成就的一种发展也是符合文化演进的一般规律的。需要说明的是，我们不承认司马迁于“《史记》五体”的首创之说，并不意味着就此抹杀了他在中国史学和文学上的伟大贡献。相反地，我们认为，正是因为他能统合“五体”、熔于一炉才创制出了《史记》这一前无古人的巨帙。

既然司马迁于“五体”只有整合之实而无首创之功，那么“五体”的义例规范也就不可能立时完备起来，而只有待后人去逐步确定。胡应麟所谓“史之体例，迁实创之，而义例纤悉班始备也”[2]，说的正是这个意思。就“世家”而言，尽管它被司马迁整合成一种全新的述史例目，但

1 ［清］赵翼著、王树民校证：《廿二史札记校证》，中华书局，1984，第3—6页。
2 ［明］胡应麟：《少室山房笔丛》，上海书店出版社，2001，第131页。

它的具体规范显然还未划定，而只有一个大致的范畴。这一点从《孔子世家》的具体行文也可看出。此文虽名为孔子“世家”，但实际上只是孔子一人之传，因为关于孔子先祖和其后世十三代之传的总字数竟不足200个，这相对于篇幅恢弘的本传来说不啻是一“添头”。这在“十二世家”中也是绝无仅有的。从具体内容看，司马迁也仅仅是记录了这些人的年岁和职位，而不载其言语行事，他似乎无意为孔子后人作传。在这个意义上，此文虽名列“十二世家”之一，但它实质上仍具列传结构。这表明“世家”一体至少在司马迁的心里并未严格地被限定在专记“公侯列国”的标准上；这也意味着史家在选择传主时就不一定要依循“公侯列国则曰世家”的样式，而有更大的自由度和发挥空间；同时，其他因素，比如著者的个体情感、人物的特殊地位等，也完全可能成为他选择人物入传的决定性因素。那么，促使司马迁将孔子列入世家作传的决定性因素是什么呢？参照《孔子世家》本文和《太史公自序》不难寻获答案。

《太史公自序》曰：“周室既衰，诸侯恣行。仲尼悼礼废乐崩，追修经术，以达王道，匡乱世反之于正，见其文辞，为天下制仪法，垂《六艺》之统纪于后世。作《孔子世家》第十七。”在这里，司马迁总结了孔子的生平行事，并将其概括为“追修经术，以达王道，匡乱世反之于正”。在他看来，虽然孔子未曾以王侯之尊传之后世，也未曾像“功臣世家贤大夫”一样相王辅君建立不朽功业，但他毕生致力于“垂空文以断礼义，当一王之法”的行动和“为天下制仪法，垂《六艺》之统纪于后世”的实际功绩却不比王侯逊色。就是说，孔子虽是一介布衣，但胸怀天下，以复兴“周道”为追求，以纲纪天下为己任，以“拨乱反正”为鹄的，其言、其行、其功足堪与任何王侯将相比肩，只不过他走的是一条述文修经的道路而已。如此，史家难道还不能把孔子列入世家吗？此其一。从其学术传承和人格影响来看，孔子也可列入世家。“孔子布衣，传十余世，学者宗之”。虽然孔子最终未能实现其理想，但他的言论、学问却薪火相传，流布益广：“自孔子卒后，七十子之徒散游诸侯，大者为师傅卿相，小者友教士大夫……孟子、荀卿之列，咸遵夫子之业而润色之，以学显于当世。”而孔子本人更是被尊为儒家宗师而名垂后世。相反地，那些“君王至于贤人众矣，当时则荣，没则已焉”，又何曾有什么遗响？如此，孔子难道还没有资格入传世家吗？此其二。从其历史地位来看，孔子的影响力不仅仅局限于学者儒生，连后世的天子王侯都以孔子的学说为准则：“自天子王侯，中国言《六艺》者折中于夫子”。而且在当世，“高皇帝过鲁，以太牢祠焉”，不管这一行为的背后究竟有多大程度的虔诚，它却表明了孔子的地位和影响已非将相可比。如此，司马迁难道不应该把孔子列入世家吗？此其三。

综上可知，司马迁将孔子列入“世家”作传的原因在于：他认为孔子“追修经术”以拨乱反正的伟大历史实践足可与任何王侯将相的功业比肩，而且其学术传承、人格影响和历史地位比王侯将相更是有过之而无不及。诚如何良俊《四友斋丛说》卷五所言：“人谓太史公为孔子立世家非是。盖以为论道德则孔子为帝王师，不当在诸侯之列；语其位则孔子未尝有封爵，不当与有土者并。是大不然。……今观自战国以后，凡有爵土者，孰有能至今存耶？则世家之久，莫有过于孔子者。《史记》又以孔门七十二弟子与老子、孟子、荀卿并列为传，则其尊之至矣。孰谓太史公为不知孔子哉！”[1]

二、孔子言行：尤多“妄言”还是别有“诗心”？

司马迁著《史记》，为人立传，其史料来源极为复杂。他自称是“厥协六经异传，整齐百家杂语”，此言盖不谬。但上下数千年，洋洋五十余万言，涉时之久、涉人之多、涉事之杂，以一人之力难免挂一漏万，因详而疏。《孔子世家》就存在这种情况。此本不该深究，但偏偏有人不满；

---

1 ［明］何良俊撰、李剑雄校点：《四友斋丛说》，上海古籍出版社，2012，第44页。

更因传主在文化史和思想史上的特殊地位而倍受瞩目。历史上，斥司马迁妄言虚语者甚多。金代的王若虚在《滹南遗老集》卷九《史记辨惑》中称："迁采经摭传，大抵皆舛驳，而二帝三王纪，齐鲁燕晋宋卫孔子世家，仲尼弟子传，尤不足观也。"[1] 清人林春溥《孔子世家补订序》亦云："顾迁所采辑，不外《论语》《三传》《国语》《檀弓》《家语》《晏子》诸书，而以已意牵合之，往往与《年表》不相应。……伯玉之主，蔡之迁吴，皆前后两见，是其颠倒讹复，有待后人之厘正者，盖不少矣。"[2] 具体而言，林氏等所指陈的"舛驳"与"讹复"主要有两处，即"陈蔡兵围"和"楚昭议封"。

先看"陈蔡兵围"。鲁哀公四年，楚国听说孔子在"陈、蔡之间"，便派人往聘。这引起了陈、蔡两国的猜疑和恐慌。两国大夫遂相与谋曰："孔子贤者，所刺讥皆中诸侯之疾。今者久留陈、蔡之间，诸大夫所设行皆非仲尼之意。今楚，大国也，来聘孔子。孔子用于楚，则陈、蔡用事大夫危矣。"于是"发徒役围孔子于野"，使孔子及其弟子"不得行，绝粮。从者病，莫能兴"。紧接其后的便是"楚昭议封"。孔子厄于陈、蔡，情况危急，便派学生子贡向楚求救。于是，"昭王兴师迎孔子"，使其幸免于难。随后，昭王打算"以书社地七百里封孔子"，但这一设想遭到了令尹子西的坚决反对。子西认为孔子的学生如颜回、子路、宰予等均身负"辅相""将率""官尹"之才，若"今孔子得据土壤，贤弟子为佐"，则"非楚之福也"。他的意思是说，如果封地给孔子，那么孔子在诸位弟子的辅佐下将迅速崛起，从而成为楚国的隐患和对手。昭王听他如此分析便打消了封地给孔子的念头。对于前一事件，《史记会注考证》卷四十七引全望祖的话辨析道：

> 当时楚与陈睦，而蔡全属吴，迁于州来，与陈远矣。且陈事

1　杨燕起等汇辑：《史记集评》，载张大可等主编《史记研究集成》第六卷，华文出版社，2005，第411页。

2　同上书，第415页。

> 楚，蔡事吴，则雠国矣。安得二国之大夫合谋乎？且哀公六年，吴志在灭陈，楚昭至誓死以救之，陈之仗楚何如，感楚何如，而敢围其所用之人乎？乃知陈蔡兵围之说，盖《史记》之妄；楚昭之聘，亦为虚语。[1]

对于“楚昭议封”一事，清代学者崔述在《洙泗考信录》中也有辩驳。他说：

> 是时昭王方在城父，以拒吴师，竟卒于军，亦非议封孔子时也。且书传皆无见楚昭王之事，《楚世家》及《年表》亦皆无之，则此必后人之所附会无疑也。至所称“书社地七百里”者，语亦误。……《史记》误以书社为地名，因加里于七百之文下耳。[2]

考诸《左传》等典籍，全、崔二人之言不虚；揆以情理，《史记》所记也的确可疑。孔子纵有异才卓识，大约也不至于有了一方土地就能迅速崛起而可与已有数百年发展历史和国力积淀的强国楚国相抗衡吧？若当时的诸侯真的相信孔子有这般本领，怕也早已将孔子笼络至麾下为自己效命或者干脆将其处置以免为敌所用而危害自己了吧？如此说来，《孔子世家》的这两则材料真的存在谬误，而前人的指摘也无可厚非。但情况果真如此简单吗？

试想，以司马迁“年十岁则诵古文”，后又“紬史记石室金匮之书”的学习经历和知识背景，怎么会对这两则存在明显漏洞的史料都看不出来呢？以他“信者传信”“疑者传疑”的作史态度，又怎会对自己“心向往之”的孔子的事迹不详加考论呢？而且，从行文看，这两则材料前后勾连，所占篇章颇多，不像是一般知识性的记忆误差和疏忽。那这究竟是为什么呢？我们知道，在历史著作中，因记忆误差和考证不精而造成的历史记载与历史事实相抵牾的情况普遍存在，但有时史家为了表达某些微旨深

---

1 ［汉］司马迁撰、［日］泷川资言考证：《史记会注考证》，文学古籍刊行社，1955，第 2902 页。

2 ［清］崔述：《洙泗考信录》，载王云五主编《丛书集成初编》本第 143 册，商务印书馆，1928，第 68 页。

意而故意错用史料的现象也屡见不鲜。《史记》同时作为一部文学巨著，司马迁于记事传人中蕴藉深意、寄托己志也是人所公认的。这就不可避免地出现这样的情形：为有利于塑造人物和抒发己志而适当地虚拟情境或有意运用失实材料。

司马迁以“陈蔡兵围”和“楚昭议封”来暗示孔子才干之高的内在目的在于：揭示孔子一生“不用”的悲剧命运。孔子自三十岁左右学有所成后便以拨乱反正、恢复周道为己任。他自鲁定公十四年（前496）春辞官去鲁至六十八岁倦游归国，在外流浪长达十三年，先后到过卫、宋、陈、蔡、楚等国，面干数主，推行己说，但一无所遇。可以说，孔子在政治上是个失败者，他的一生是理想不得行、壮志不能酬的悲剧的一生。在《孔子世家》一文中，司马迁先后四次提到孔子的“不用”：在齐，景公推之以“吾老矣，弗能用也”，孔子“循道弥久，温温无所试，莫能己用”；在卫，灵公“怠于政，不用孔子”；归鲁后，鲁也“终不用孔子”。一篇之中，太史公数致其意，深慨孔子时之不济、“道”之不行。一方面，孔子有耸动天下的超凡才干；另一方面，他却一生无所遇。司马迁以这两个对立的方面作为组织史料、串联叙事的两条线索，而又以两者的对比来寄寓悲孔惜圣之心。此一意绪的对比贯穿全篇，而在此文的论赞中达到顶点。司马迁“适鲁，观仲尼庙堂车服礼器，诸生以时习礼其家”，睹物思人，抚今叹昔，不禁浮想联翩，但又百思不得其解，只有默然无语，而一句“余祗回留之不能去云”实已道尽了万千意绪。

钱锺书先生曾言：“与其曰‘古诗即史’，毋宁曰‘古史即诗’。”[1] 观《孔子世家》全文，太史公列孔子于世家，意在尊圣，而立意措辞又贯以之悲惜之心，或寓于史料，或蕴于论赞，慨叹“孔道”之不用，可谓用心良苦！前人不明史家此心，只知其一而不知其二，据一面之词而断然指斥太史公，岂不可叹！

1　钱锺书：《谈艺录》，中华书局，1984，第38页。

第四节
《伯夷列传》：小太史公的“第二《春秋》”之心

《吊夷齐诗》

（金·王文蔚《全金诗》卷九六）

夷齐古贤人，金石固所守。求仁而得仁，夫何怨之有。
让国去归周，叩马谏伐纣。采薇首阳下，竟为二饿叟。
仁义忠且廉，于天诚不负。谁谓天无亲，善人反罹咎。
又如颜氏子，糟糠不厌口。盗跖肝人肉，死终得其寿。
报施果何如，冥冥莫非偶。然则烈丈夫，功名贵不朽。
穷达弗易节，利害亦不苟。当时志未伸，誉必彰于后。
我观二贤像，清癯止此否？欲赞万分一，阁笔惭大手。
自有民称之，与天地长久。

《伯夷列传》是《史记》篇幅最短的传记之一，全文仅 797 字，且其中真正传述人物的仅有 215 字[1]，其余均是议论或抒情。钱锺书先生说：“此篇记夷、齐行事甚少，感慨议论居其泰半，反论赞之宾，为传记之主。马迁牢愁孤愤，如喉鲠之快于一吐，有欲罢而不能者；纪传之体，自彼作古，本无所谓破例也。”[2] 如此破体之文却又居《史记》七十列传之

1　据中华书局 2014 年点校本二十四史修订本《史记》统计所得，其中人物传部分指“伯夷、叔齐，孤竹君之二子也。……遂饿死于首阳山”一节；统计均不包括标点。另，张中行《史记“妙笔”三例》认为，《伯夷列传》全文 782 字、人物传 213 字。（《读书》1992 年第 11 期，第 127 页）

2　钱锺书：《管锥编》，中华书局，1979，第 306 页。

首，令人不禁好奇：司马迁于此篇究竟寄寓了何种心理？要回应此一问题，首先必须厘清伯夷、叔齐其人、其事。

一、伯夷、叔齐有怨而天道无报

《史记》一书对伯夷、叔齐的记述，除《伯夷列传》外，尚有六篇，其文分别如次：

（1）卷四《周本纪》：

西伯曰文王，遵后稷、公刘之业，则古公、公季之法，笃仁，敬老，慈少。礼下贤者，日中不暇食以待士，士以此多归之。伯夷、叔齐在孤竹，闻西伯善养老，盍往归之。

（2）卷四十七《孔子世家》：

（孔子厄于陈、蔡之间）不得行，绝粮。从者病，莫能兴。孔子讲诵弦歌不衰。子路愠见曰……子贡色作……孔子知弟子有愠心……孔子曰："有是乎！由，譬使仁者而必信，安有伯夷、叔齐？使知者而必行，安有王子比干？"……"不降其志，不辱其身，伯夷、叔齐乎！"

（3）卷六十九《苏秦列传》：

苏秦曰："孝如曾参，……廉如伯夷，义不为孤竹君之嗣，不肯为武王臣，不受封侯而饿死首阳山下。有廉如此，王又安能使之步行千里而行进取于齐哉？"

（4）卷九十九《刘敬叔孙通列传》：

娄敬曰："陛下取天下与周室异。周之先自后稷，尧封之邰，积德累善十有余世。……及文王为西伯，断虞芮之讼，始受命，吕望、伯夷自海滨来归之。”

（5）卷一百二十四《游侠列传》：

鄙人有言曰：“何知仁义，已飨其利者为有德。”故伯夷丑周，饿死首阳山，而文武不以其故贬王；跖、蹻暴戾，其徒诵义无穷。由此观之，“窃钩者诛，窃国者侯，侯之门仁义存”，非虚言也。

（6）卷一百三十《太史公自序》：

末世争利，维彼奔义；让国饿死，天下称之。作《伯夷列传》第一。

以上文字或引称，或自叙，其所勾勒的伯夷、叔齐行事和形象大体不出《伯夷列传》所记，即义不受位、让国适周、丑周之暴、饿死首阳，而这些记述又来自前代典籍。为了描述伯夷、叔齐故事及其形象的生成史，本书将依据时间先后，梳理先秦诸子和相关典籍中的述评。

《伯夷列传》曰：“孔子序列古之仁圣贤人，如吴太伯、伯夷之伦详矣。”孔子对伯夷、叔齐的述论俱见《论语》。

子曰：“伯夷、叔齐不念旧恶，怨是用希。”（《公冶长》）

（子贡问曰）：“伯夷、叔齐何人也？”曰：“古之贤人也。”曰：“怨乎？”曰：“求仁而得仁，又何怨？”（《述而》）

齐景公有马千驷，死之日，民无德而称焉。伯夷、叔齐饿于首阳之下，民到于今称之。其斯之谓与？（《季氏》）

逸民：伯夷、叔齐、虞仲、夷逸、朱张、柳下惠、少连。子曰：“不降其志，不辱其身，伯夷、叔齐与！”（《微子》）[1]

---

1 ［清］刘宝楠：《论语正义》，中华书局，1990，第200、265、666、726—728页。

在孔子及其后学的讨论中，关涉伯夷、叔齐生平行迹的文字甚少，仅有《季氏》称其“饿于首阳之下”——未言其死。孔子对伯夷、叔齐二人非常赞赏，认为他们是德行高尚的古之贤人、逸民。不过，司马迁更感兴趣的是孔子关于伯夷、叔齐是否有怨的判断。孔子一则称两人“不念旧恶，怨是用希”，二则称“求仁而得仁，又何怨”，认为伯夷、叔齐不会有怨。对此，朱熹解释说：“孟子称其‘不立于恶人之朝，不与恶人言。与乡人立，其冠不正，望望然去之，若将浼焉。’其介如此，宜若无所容矣，然其所恶之人，能改即止，故人亦不甚怨之也。”又说：“盖伯夷以父命为尊，叔齐以天伦为重。其逊国也，皆求所以合乎天理之正，而即乎人心之安。既而各得其志焉，则视弃其国犹敝蹝尔，何怨之有?”[1] 然而，司马迁对这一评断表示了不同看法：“余悲伯夷之意，睹轶诗可异焉。”对伯夷、叔齐无怨的疑虑，正是《伯夷列传》描述两人生平行事的叙事起点，也是司马迁本传深层蕴藉的逻辑起点。

《孟子》一书中，“伯夷”有12处，却不言“叔齐”，这或许与夷、齐故事本就暧昧不明有关。与孔子不同的是，孟子对伯夷的态度比较犹疑。

> 孟子曰：“圣人，百世之师也，伯夷、柳下惠是也。故闻伯夷之风者，顽夫廉，懦夫有立志……奋乎百世之上。百世之下，闻者莫不兴起也。非圣人而能若是乎?”（《尽心下》）
>
> 孟子曰：“伯夷，圣之清者也；伊尹，圣之任者也；柳下惠，圣之和者也；孔子，圣之时者也。孔子之谓集大成。”（《万章下》）[2]

一方面，孟子称颂伯夷为“圣人”；另一方面，他又认为伯夷的“圣”没有达到最高境界。孟子将“圣人”分为四种境界：圣之清者、圣之任者、

1 ［宋］朱熹：《四书章句集注·论语集注》，中华书局，1983，第81—82、97页。
2 同上书，第367、315页。

圣之和者以及圣之时者，孔子能与时偕行、通变日新，所以是圣人的集大成者和最高典范，而伯夷只是其中最清高的那一个。换言之，伯夷是“不完美的圣人”。关于伯夷的清高，《孟子》多次述及。《告子下》：“孟子曰：‘居下位，不以贤事不肖者，伯夷也’”；《公孙丑上》：“非其君不事，非其民不使；治则进，乱则退，伯夷也”“伯夷，非其君不事，非其友不友。不立于恶人之朝，不与恶人言”[1]。由此，孟子批评伯夷过于狭隘：“伯夷隘，柳下惠不恭。隘与不恭，君子不由也。”孟子以力行仁政为己任，更倡言舍生取义，具有强烈的行动主义倾向，而伯夷一味以清高自许，不愿投身浊世、改变世界，自然令他不满。这也是孔子与孟子对伯夷态度最大区别之所在。值得注意的是，《离娄上》和《尽心上》两篇都提到了伯夷想投奔西伯的情节[2]，说明伯夷故事在战国中期愈加丰富。

《史记》的夷、齐叙事基本来自《庄子·让王》。该篇一般认为是庄子后学所作，是先秦“让王”传说的集结之作，夷、齐故事被写入其间毫不奇怪。

> 昔周之兴，有士二人处于孤竹，曰伯夷、叔齐。二人相谓曰：“吾闻西方有人，似有道者，试往观焉。”至于岐阳，武王闻之，使叔旦往见之，与盟曰：“加富二等，就官一列。”血牲而埋之。二人相视而笑曰：“嘻，异哉！此非吾所谓道也。……今周见殷之乱而遽为政，上谋而下行货，阻兵而保威，割牲而盟以为信，扬行以说众，杀伐以要利，是推乱以易暴也。吾闻古之士，遭治世不避其任，遇乱世不为苟存。今天下闇，周德衰，其

1 ［宋］朱熹：《四书章句集注·孟子集注》，中华书局，1983，第341、234、240页。

2 《离娄上》：“孟子曰：‘伯夷辟纣，居北海之滨，闻文王作，兴曰：“盍归乎来！吾闻西伯善养老者。”太公辟纣，居东海之滨，闻文王作，兴曰：“盍归乎来！吾闻西伯善养老者。”二老者，天下之大老也，而归之，是天下之父归之也。天下之父归之，其子焉往？诸侯有行文王之政者，七年之内，必为政于天下矣。’”《尽心上》：“孟子曰：‘伯夷辟纣，居北海之滨，闻文王作兴，曰：“盍归乎来，吾闻西伯善养老者。”太公辟纣，居东海之滨，闻文王作兴，曰：“盍归乎来，吾闻西伯善养老者。”天下有善养老，则仁人以为已归矣。’”（参朱熹《四书章句集注·孟子集注》，中华书局，1983，第282—283页、355页）

并乎周以涂吾身也，不如避之以洁吾行。”二子北至于首阳之山，遂饿而死焉。若伯夷、叔齐者，其于富贵也，苟可得已，则必不赖。高节戾行，独乐其志，不事于世，此二士之节也。[1]

上述故事时空明确、言行俱存、意旨显豁，也见于《吕氏春秋·季冬纪·诚廉》，二者在内容上几乎没有区别，唯文末议论稍异，这表明夷、齐故事在战国中后期业已成熟。《庄子·让王》篇以“轻物重生”为取向，但夷、齐一节未及申论此意而颂之以高节，相关批评见诸《庄子·骈拇》篇。作者在文中将伯夷与盗跖之死进行比较，认为二人虽有君子、小人之别，但在“残生损性”这一点上并无二致。

伯夷死名于首阳之下，盗跖死利于东陵之上，二人者，所死不同，其于残生伤性均也，奚必伯夷之是而盗跖之非乎！天下尽殉也。彼其所殉仁义也，则俗谓之君子；其所殉货财也，则俗谓之小人。其殉一也，则有君子焉，有小人焉；若其残生损性，则盗跖亦伯夷已，又恶取君子小人于其间哉！[2]

儒家以仁义为最高价值追求，杀身成仁在所不惜，但道家却以之为残生损性的外物，以身殉物均非自然之道、天命之性，所以伯夷死于名节与盗跖死于货财并无差别。这种非道德主义的倾向在《列子》中即有表达。《杨朱篇》：“杨朱曰：‘伯夷非亡欲，矜清之邮，以放饿死。展季非亡情，矜贞之邮，以放寡宗。清贞之误善之若此！’”[3] 不过，司马迁对于夷、齐的兴趣显然不在其仁义与性命抉择的是非，而在二人的内心世界。

《史记》本传叙述夷、齐故事以“轶诗可异”四字为引，又终之以其诗：

1 ［清］郭庆藩：《庄子集释》，中华书局，1961，第987—988页。
2 同上书，第323页。
3 杨伯峻：《列子集释》，中华书局，1979，第221页。

> 武王已平殷乱，天下宗周，而伯夷、叔齐耻之，义不食周粟，隐于首阳山，采薇而食之。及饿且死，作歌。其辞曰：“登彼西山兮，采其薇矣。以暴易暴兮，不知其非矣。神农、虞、夏忽焉没兮，我安适归矣？于嗟徂兮，命之衰矣！”遂饿死于首阳山。

在悲剧的终点，“轶诗”文本出现了。这首诗被后人称为《采薇歌》，学者或以为是西周初年之作，或以为出于秦末。[1] 从文献角度看，《史记》以前，《采薇歌》未见其传；从文学角度看，隔句用“兮”字，具有战国后期楚辞体的特色；从思想角度看，所谓“以暴易暴兮，不知其非矣。神农、虞、夏忽焉没兮”，反对暴力革命，推崇上古圣王禅让，亦即伯夷、叔齐“义”之所在，但这是流行于战国时代的观念，商末周初之际未必有此论。总之，《采薇歌》的出现，不会早于战国后期。另外，司马迁《悲士不遇赋》有“天道微哉，吁嗟阔兮”之言[2]，与“于嗟徂兮，命之衰矣”在句式和意绪上都极为相似。所以，司马迁以“轶诗”称夷、齐之歌，很可能是其自作的遁词。该诗悲愤哀怨，司马迁不言自作而代以“轶诗”，或是为了保持夷、齐故事的古朴之意以增强说服力。因为接下来他就提出了一个问题：“由此观之，怨邪非邪？”答案显而易见。夷、齐有怨是本传叙事的结论，也是司马迁怀疑天道的证据。

二、《史记》可以继《春秋》、为世法

夷、齐有怨，怨自何来？太史公不无悲愤地写道：“若伯夷、叔齐，

---

1 王辉斌《商周逸诗辑考》云：“据上引《史记》卷六十一《伯夷列传第一》所载，此篇乃为西周初年之‘古逸’。”（黄山书社，2012，第60页）考《伯夷列传》，太史公仅有“轶诗”之称，未见“古逸”之语；言其作于西周初年，亦本传文“武王已平殷乱，天下宗周”之言，但舍此无旁证。逯钦立《先秦汉魏晋南北朝诗·先秦诗》卷一据《吕氏春秋·诚廉》夷、齐二人“周德衰矣”云云，认为“此歌之出殆在秦之末年也”。（中华书局，1983，第7页）事实上，《吕氏春秋》所述夷、齐对话，未有一语涉及《采薇歌》。逯氏所云，亦不知何所出。

2 ［汉］司马迁：《悲士不遇赋》，载费振刚、仇仲谦、刘南平校注《全汉赋校注（上册）》，广东教育出版社，2005，第189页。

可谓善人者非邪？积仁絜行如此而饿死！”孔子以夷、齐为古之贤人，孟子以伯夷为仁之清者，但是圣贤若此，却饿死于首阳山，岂能无怨？司马迁不能理解孔子“怨是用希”的判断。或许是受到《庄子·骈拇》的启发，司马迁又以盗跖作比：“盗跖日杀不辜，肝人之肉，暴戾恣睢，聚党数千人横行天下，竟以寿终。”仁人饿死，恶人寿终，这是为什么？《老子》云：“天道无亲，常与善人。”天道无私，没有偏狭，谁怀抱道德就帮助谁。可是，历史与现实都并非如此。太史公的笔触转向了当世：“若至近世，操行不轨，专犯忌讳，而终身逸乐，富厚累世不绝；或择地而蹈之，时然后出言，行不由径，非公正不发愤，而遇祸灾者，不可胜数也。”这一段悲慨中，显然蕴藉了作者自己的身世之感，但无论怎样，自古以来恶人终身福寿、善人时遭祸殃的例子数之不尽。如斯天道，岂能曰公？天道若此，如何不惑？司马迁终于不可抑遏地反问：“余甚惑焉，傥所谓天道，是邪非邪？”这实际上是宣告了传统天道观的破产。

司马迁在《太史公自序》中说明了将《伯夷列传》置为七十列传第一的原因：“末世争利，维彼奔义；让国饿死，天下称之”，即反对暴政、表彰让德。这一理念也体现在《五帝本纪》和《吴太伯世家》中。司马迁说：

> 维昔黄帝，法天则地，四圣遵序，各成法度；唐尧逊位，虞舜不台；厥美帝功，万世载之。作《五帝本纪》第一。
>
> 太伯避历，江蛮是适；文武攸兴，古公王迹。阖庐弑僚，宾服荆楚；夫差克齐，子胥鸱夷；信嚭亲越，吴国既灭。嘉伯之让，作《吴世家》第一。

禅让袭统是古典儒家最高的政治理想之一，吊民伐罪、以暴易暴则是下策。伯夷、叔齐逊国而逃、谏伐而饿，正是此一理想的践行者和坚守者，应该受到表彰。唐尧逊虞舜和吴太伯，亦是如此。司马迁在本纪、世家和列传的首篇都贯穿了表彰让德的意绪，显示了历史与逻辑相统一的纂写思路。然而，其意图仅止于此吗？当然不是。就《伯夷列传》而言，司马迁借由伯夷、叔齐的悲剧性道德故事和惨淡的现实看到了善恶无报的人间真相，从而戳破了“惟德动天”的天道幻象。这是史家鉴古览今的卓荦洞见，也映现了士人独立思考的价值。不过，太史公的思考仍未结束。他要回答的还有一个问题：天道既已破产，人间正道是否不值得追求？

太史公的答案是否定的。他在传中引孔子之言谓：“子曰‘道不同不相为谋’，亦各从其志也。故曰‘富贵如可求，虽执鞭之士，吾亦为之。如不可求，从吾所好’。‘岁寒，然后知松柏之后凋’。举世混浊，清士乃见。岂以其重若彼，其轻若此哉？”“各从其志”，每个人的志向都应该被尊重；“从吾所好”，每个人都应该坚持人间正道，不以是否有报为行动准则。面对善恶无报的事实，我们非但不能放弃正向道义，反而更应该坚守它，因为道义不仅赋予人以价值，在某种意义上，它也是价值本身。在呼吁君子正道而行的同时，司马迁也意识到君子的担心——“疾没世而名不称焉”。君子忧虑身后不显于世，司马迁自己又何尝不是呢？《报任少卿书》谓：“修身者，智之符也；爱施者，仁之端也；取予者，义之表也；耻辱者，勇之决也；立名者，行之极也。士有此五者，然后可以托于世，列于君子之林矣。”[1] 士以“五行”立足人间，而以“立名”为德行的终极目标。“李陵之祸”后，太史公“所以隐忍苟活，幽于粪土之中而不辞者，恨私心有所不尽，鄙陋没世，而文采不表于后世也”，而疏解此一郁结的通道便是“述往事、思来者”，“思垂空文以自见”[2]，也就是借由著史立言名垂后世。《伯夷列传》最后写道：

> 伯夷、叔齐虽贤，得夫子而名益彰。颜渊虽笃学，附骥尾而行益显。岩穴之士，趣舍有时若此，类名堙灭而不称，悲夫！闾巷之人，欲砥行立名者，非附青云之士，恶能施于后世哉？

---

1 ［汉］司马迁：《报任少卿书》，载［梁］萧统编、［唐］李善注《文选》卷四十一，上海古籍出版社，1986，第 1855—1856 页。

2 同上书，第 1863、1865 页。

传文至此，戛然收束，但蕴藉却豁然开朗。伯夷、叔齐经由孔子的称颂而声名日彰，颜回追随夫子而广为人知，这表明：没有青云之士的奖掖，闾巷之人很难扬名后世。那么，砥行立名者应该担心吗？不！因为太史公已然决心要担负起为倜傥非常之人立传彰名的历史责任！《太史公自序》赫然立誓："扶义俶傥，不令己失时，立功名于天下，作七十列传。"天道无报，但史家有笔，可以传奇人、扬其名！

明人谢肇淛《五杂俎》卷十三云："司马子长，大如帝纪、六书，小至货殖、刺客、龟策、日者，无不各极其致，意之所欲，笔必从之；至伯夷、屈原诸传，皆无中为有，空外为色，直游戏三昧耳。"[1] 伯夷、叔齐之事，本就荒渺无考。先秦典籍，或伯夷、叔齐并举，或径论伯夷而不言叔齐。司马迁以"伯夷列传"而非"伯夷、叔齐列传"为题，又云"余悲伯夷之意"而不及叔齐，且篇中叙传简略而横议风发，凡此种种，均显示其无意于稽考伯夷、叔齐故事之真伪。小太史公置本传为《史记》七十列传第一，其独引之师心，也不是讨论伯夷、叔齐二人是否有怨，而是借此否定"天道无亲，常与善人"的恒论，并引出微旨：以史笔担道义，以史著替天道，为人立传，为世立法。"无中为有，空外为色"，可视为诸传的"论赞"。换言之，《伯夷列传》与《太史公自序》"三昧"相通，都表达了司马迁"继《春秋》而作史"的决心和意志，是为《史记》终极鹄的之所在。

---

1 ［明］谢肇淛：《五杂俎》，中华书局上海编辑所，1959，第 383 页。按：《五杂俎》，或以为乃《五杂组》之讹。

第六章

《史记》心灵史的艺术表现

第一节 定位强化、侧示辅观的个体心理复现法

《苏州十咏·伍相庙》

（宋·范仲淹《范文正公文集》卷四）

胥也应无憾，至哉忠孝门。生能酬楚怨，死可报吴恩。

直气海涛在，片心江月存。悠悠当日者，千载祇惭魂。

一、“定位—强化—侧示”复现法的逻辑层次

文学创作是人类特有的一种以语言文字为实现手段的精神活动。朱光潜曾说：“有了语言文字，许多崇高的思想，许多微妙的情境，许多可歌可泣的事迹才能流传广播，由一个心灵出发，去感动无数心灵，去启发无数心灵的创造。这感动和启发的力量大小与久暂，就看语言文字运用得好坏。在数千载之下，《左传》《史记》所写的人物事迹还活现在我们眼前，若没有左丘明、司马迁的那种生动的文笔，这事如何能做到?”[1] 毋庸置疑，司马迁“生动的文笔”在《史记》的心理描写方面也有体现。诚如可永雪先生所言：“司马迁的《史记》，不但为中华民族述史，而且为中华民族写心。他写历史，不只是进行历史的评价和裁判，而且继承和发扬‘善善恶恶，贤贤贱不肖’的传统，把自己作为民族的良心。他在民族历

1 朱光潜：《谈文学》，载《朱光潜全集》第四卷，安徽教育出版社，1988，第160页。

史心灵的大海里遨游、巡礼，揭露不平，鞭笞罪恶，讽刺丑态，赞美英雄，颂扬美德，追求崇高，追求光辉理想的人格，对于形形色色的人性，作出妍蚩必显的鉴镜。”[1] 那么，司马迁是以怎样的笔法再现出一颗颗美丑迥然的心灵的呢？在这方面，太史公开创了一种独特的表现方法，那就是“定位—强化—侧示”的人物心理复现法。

定位强化、侧示辅观的个体人物心理复现法，即“定位—强化—侧示”的复现法，包含了互为补充的“定位”“强化”“侧示”三个层面的内容。“定位”是指司马迁通过全面揣摩、把握历史人物的个性气质和精神风貌等，而为之在全传中确定心理主调；“强化”是指随着人物命运的演进和传记情节的展开，作者反复叙写传记人物主要的心理特征，突出人物内心的主导方面，从而逐步确立其卓尔不群的形象；“侧示”，即侧面展示，指在反复强化人物心理主调的同时，作者的笔触横向地扩展开来，描画出人物心理的其他方面。总之，“定位—强化—侧示”是一种既主次分明又纵横交织的复现传记人物心理的艺术手法。司马迁运用这一技巧展示历史个体人物的内心世界，取得了独特的艺术成就。下面拟通过典型例证来阐述这种方法及其艺术特征。

晋文公重耳是“春秋五霸”之一，他曾流浪在外长达十九年，历经磨难，终成大业。这与他个人的心性是密切相关的。《晋世家》载，骊姬乱晋后，大权在握的里克杀死了奚齐、悼子等公子，欲立逃难在狄的公子重耳为晋国国君。但重耳婉拒了里克的邀请，他说：“负父之命出奔，父死不得修人子之礼侍丧，重耳何敢入！”以父命和不孝作为拒绝的理由很明显是一个冠冕堂皇的借口，真正的原因在于：当时的晋国大权旁落，诸公子明争暗斗，形势异常复杂，而重耳逃难在狄，内无根基，外无奥援；何况，“内犹有公子可立者而外求，难信”，若迫不及待地登位，随时都有丧命的危险，因为里克需要的只是一枚棋子、一个傀儡。重耳对此看得

1　可永雪：《〈史记〉文学性界说——纪念司马迁诞辰2140周年》，载《内蒙古师大学报》1995年第3期，第44—51页。

很清楚，所以他拒绝了里克的诱惑。这突现了他深沉细密的心理特征，可以说是司马迁对重耳内心世界的基本定位，在随后的叙写中它被反复强化。后来，夷吾即位为晋惠公，他深感重耳的威胁，想杀死他。重耳当时还在狄，听说惠公的阴谋后，便与谋士们商量说：“始吾奔狄，非以为可用与，以近易通，姑且休足。休足久矣，固愿徙之大国。夫齐桓公好善，志在霸王，收恤诸侯。今闻管仲、隰朋死，此亦欲得贤佐，盍往乎？”狄本小国，势单力薄不足以成为他的靠山，只是因为距离晋国很近，能很快地获得国内的动态，所以暂避于此。此举已初显一个霸王的智慧和心机，而他对齐国国君及内政的分析足见他对国际形势的关注由来已久，这也暗示了他深远的雄心。总之，司马迁以此段传主的独白强化了重耳深沉细密的内心特质。后来，重耳逃难至楚。“楚成王以适诸侯礼待之，重耳谢不敢当。……遂以客礼见之”；“成王厚遇重耳，重耳甚卑”。此时的重耳是一个逃难在外的落拓公子，寄人篱下，并无任何资本可与诸侯平起平坐。重耳深知自己的处境，因此，他丝毫不以大国公子的身份示人，而是“以客礼”“甚卑”，这样做不仅能免遭驱逐的危险，而且还能获得诸侯的好感与同情，甚至为他回国夺权的计划提供帮助。重耳的深沉与明智于此处得到了再现。后来他在秦国的支持下终于回国登位。即位不久，他“微行，会秦缪公于王城，国人莫知”，此亦见其深沉与周虑。

晋楚城濮之战，晋国大胜，但他却不开心。众人问之，他回答说：“吾闻能战胜安者唯圣人，是以惧。且子玉犹在，庸可喜乎！”子玉是楚国的大将，能征善战，是晋国的心腹大患。后来，子玉被楚王逼迫自杀，重耳才“喜”，从忧到喜的细节描写也强化了他深沉周虑的心理。在强化主要心理特征之外，司马迁还写到了重耳内心的其他方面。重耳之齐后，桓公对他很好，并且“以宗女妻之”，而“重耳安之”，“爱齐女，毋去心”。他的谋士赵衰和舅舅咎犯等人见此很担心，就劝他不要贪图享乐而要继续奋斗，但他却说：“人生安乐，孰知其他！必死于此，不能去。”

重耳在外逃难已久，现在有了娇妻美屋，自然不愿再疲于奔命，这种贪于安逸的心理也是很正常的。苦劝无果，赵衰、咎犯等人就设计将他灌醉后“载以行”。醒来后，“重耳大怒，引戈欲杀咎犯”，并且大骂：“事不成，我食舅氏之肉。”这一段妙趣横生的描写，又表现了重耳内心中最动人的一面，即天真。当然，作为一个人，重耳的心理也有缺陷，比如心胸狭隘。他即位后，曾联合秦国攻打郑国，发誓“必得郑君而甘心焉”，原因在于郑君曾“无礼于文公亡过时，及城濮时郑助楚也”，这就显得器量狭窄了。但是就艺术表现来说，这些横向的扩展描写，无疑丰富、充实了重耳的内心建构，活现了一个霸王真实而可信的心灵世界。

对伍子胥心理的描写同样使用了定位强化、侧示辅观的个体人物心理复现法。坚毅隐忍是司马迁对传主心理的定位。据《伍子胥列传》记载，楚平王时，太子少傅费无忌陷害太子太傅伍奢致其入狱，为了斩草除根，他又怂恿平王将伍奢的两个儿子伍尚和伍子胥一起杀死。于是平王派人对他们说：“来，吾生汝父；不来，今杀奢也。”伍尚听后欲往，但伍子胥认为不能听召，他说：

> 楚之召我兄弟，非欲以生我父也，恐有脱者后生患，故以父为质，诈召二子。二子到，则父子俱死。何益父之死？往而令仇不得报耳。不如奔他国，借力以雪父之耻，俱灭，无为也。

司马迁于此展示了伍子胥坚毅隐忍的心理特征。传记还追叙了伍子胥逃亡之前对申包胥说的话：“我必覆楚!”四字掷地有声，表露了他的坚韧与决绝。逃亡中，他经历了种种难以想象的磨难，但追杀、患病、乞食等祸患并没有浇灭他心中的复仇之火，反而坚定了他的决心。奔吴后，他敏锐地觉察到公子光的夺位之心，于是“进专诸于公子光，退而与太子建之子胜耕于野”。一“进”一“退”，强化了他隐忍、坚毅与图远的心理。在强化此一心性的同时，作者也展示了他心灵的侧面。如解剑赠渔夫表现了他知恩图报的心理；三谏吴王灭越和托子鲍牧而自己“还报吴”

的举动则表明了他对吴的忠诚之心。被迫自杀前，他欲树墓以梓、抉眼东门以观越之灭吴，深识悲愤、果决痛惜之心亦著。正是在纵深与横向的交错延伸中，一幅“烈丈夫”有仇必报的坚毅与隐忍图远的心灵图景跃然而出。

二、“定位—强化—侧示”复现法的美学特征

司马迁所创设的“定位—强化—侧示”的人物心理复现法在展现人物的内心方面是比较合适和成功的。其实，《史记》中的主要纪传人物的内心世界都是用这种方法再现出来的，如勾践、李斯、韩信、项羽、刘邦等。但在具体运用这一方式的过程中，司马迁并未死守此法一成不变，而是因人而异，根据不同的传主特征随时变化，从而使这一手法呈现出变幻多姿的美学特征。

其一，复现法所包含的三个环节既前后有序，又穿插变化。作者因应传主心理特征的不同，“定位”“强化”“侧示”三个环节的运用也随时变换，或全用，或用其一二；每一环节的笔墨浓淡和篇幅长短也因人有异，如“侧示”这一环节有时作者并不运用。这突出地表现在对李斯内心的复现上。他一出场，司马迁就通过其对厕鼠和仓鼠不同境遇的感叹，予其心理特征以定位：趋时自处、诡合求荣。随后又通过他对自己富贵的感慨、参与赵高胡亥篡位阴谋、上二世《督责书》等行为反复强化了这一基本心理特征，而对其内心的其他侧面甚少涉及。李晚芳在论及《李斯列传》时说：“太史公之传李斯也，不惟传其事迹，并其结念之隐亦传之，盖斯乃热中富贵人也。始形于仓鼠一叹，太史肖其神，轻轻描出，令热中者全身俱动，用笔何等超妙。辞师一段议论，千回百转，语语皆从富贵结念中流出。……其画策为秦并天下，即其专心为己取富贵，及富贵极矣，身为相，子为守，又虑把持富贵不牢，阴若有人扼其吭而攫夺之者，正写其无时无处而不兢兢于此也。惟小人能知小人，早被赵高冷眼看透，

即以富贵动之，又以失富贵劫之。……至于上《督责书》，亦为富贵耳。太史以覆案诮让，点明于前，而曰恐惧重爵禄、阿意欲求容，竟从斯处心积虑中曲曲抉出，似毒笔，实直笔也。是后翻翻覆覆，在高掌上愚弄，直至腰斩夷族，无非为重富贵而然。结局一哭，应前三叹，为篇中眼目，其要害不过在‘重爵禄’三字，幻出天翻地覆世界。”[1] 此论甚当。对石奋等人内心的揭示也是如此，司马迁反复强化的只是其谨小慎微、如履薄冰的伴君心态，而于其他则甚少涉笔。

其二，“定位”是对人物基本心理特征的描述，它一般在人物甫一出场时就已确立。然而，对任何一个个体来说，其一般心理都具有复杂多变的特点，而其主要心理特征也不是唯一的。司马迁深明此点。因此，他在作品中对人物基本心理特征的定位有时只有一个方面，如将商鞅“定位”于自负高傲，将叔孙通“定位”于机诈权变，将汲黯“定位”于耿介刚直，等等；有时对其“定位”则有多个方面。如刘邦，司马迁对其主要心理特征的定位在贪慕权势、狡黠侮慢和狭隘自私三个方面；对项羽，则定位于骄傲刚愎和自矜功伐两个方面。

其三，“强化”与“侧示”两个环节既纵横交错又同步进行。就二者在复现人物心理过程中的地位而言，“强化”是主，“侧示”是辅；前者是纵向深入，确立人物心理的主调，后者是横向扩展，丰富人物心理的侧面。在具体的叙写过程中，二者基本上都随人物命运的演进与情节的流动而交叉进行，有时候甚至融为一体。一般是在“强化”的过程中，插入人物的言行事件以展现出其心理侧面。例如，在强化项羽骄傲刚愎、至死不悟、认定是“天亡我”的过程中，插入他连杀汉军一都尉及数十百人后问手下“何如”这一细节，表现了他豪迈无畏的内心侧面。接着，又写到了他对乌江亭长劝他急速渡江以图东山再起的回答：“且籍与江东子弟八千人渡江而西，今无一人还，纵江东父老怜而王我，我何面目见之？

1 ［清］李晚芳著、［日］陶所池内校订：《读史管见》卷三，浪华书林、群玉堂翻刻安政三年京都如射书院本，1856，第 11—12 页。

纵彼不言，籍独不愧于心乎？”这一回答可谓情真意切，展示了他的痛惜之心和面对失败的绝望心绪。继之，还写了他赠马于亭长的情景，这又显示了项羽内心可亲的一面。姚苧田在评论项羽的这些言行时说：“迨闻亭长言而又不肯上其一叶之舟，既又赐以爱马而慰遣之，粗糙爽直，良可爱也。”[1] 诚哉是言！

总之，司马迁开创的“定位—强化—侧示”的人物心理复现法，与他笔下的人物形象是契合的，与他对人物的总体描写也是一致的。这种以“定位”与“强化”相照应，凸显人物心理的基本特征，突出人物心灵世界的主调，又以“侧示”横向扩展开来，丰富人物心理，从而前后勾连、纵横交错地展现出人物心理的表现方法，不仅使作品成功地塑造了一系列性格各异、血肉丰满的典型形象，而且表明司马迁在对人物内心世界的揭示上作出了极富启发意义的可贵探索。

---

1 ［汉］司马迁原著、［清］姚苧田节评：《史记菁华录》，上海古籍出版社，1988，第21页。

第二节
以类相从、比照映现的类群心理揭示法

《下相怀古》

（清·吴伟业《吴梅村全集》卷八）

驱车马陵山，落日见下相。忆昔楚项王，拔山气何壮！
太息取祖龙，大言竟非妄。破釜救邯郸，功居入关上。
杀降复父雠，不比诸侯将。杯酒释沛公，殊有君人量。
胡为去咸阳，遭人扼其吭！亚父无诤言，奇计非所望。
重瞳顾柔仁，隆准至暴抗。脱之掌握中，骨肉俱无恙。
所以哭鲁兄，仍具威仪葬。古来名与色，英雄不能忘。
力战兼悲歌，西风起酸怆。废庙枕荒冈，虞兮侍帷帐。
乌骓伏坐旁，踣地哀鸣状。我来访遗迹，登高见芒砀。
长陵竟抔土，万事同惆怅！

一、基于心理表现的两类《史记》人物传

司马迁的《史记》是一部结构严谨、井然有序的用心之作。无论是标题的拟定、传述的次序，还是条目的排比、名号的称谓等均经过深思熟虑。这一点早为学界所公认。就其人物传记而言，以本纪、世家、列传为核心的纪传体裁的设置，则开创了纪传体的先河。利用这种以人物为中心

的述史体例，司马迁列叙了从远古到汉代的众多历史人物及其生平行事，较鲜明地反映了各个历史时期的精神风貌和人物的内心世界。也就是说，《史记》对时代风貌和人物内心的把握首先就体现在其独特而又精当的体例安排上。

《史记》的传记类型，一般认为有专传、合传、类传三类，但也有学者将其分为单传、合传、类传、附传四类。[1] 韩国学者朴宰雨结合《史》《汉》，将其分为八类：世系中心型集体传记文、国事中心型个别传记文、人物中心型个别传记文、人物中心型合体传记文、事类中心型集体传记文、中外关系型族别传记文、叙传和附传。[2] 以上分类或简洁明晰，或概括全面，各有千秋，但就对纪传人物的心理揭示而言，它们似不甚恰切。事实上，司马迁所揭示的民族文化心理、社会类群心理及个体人物心理，就其本质表现来说，不外乎群体心理和个体心理两类。任何民族文化的创造主体和表现主体都是单个的人；而人们也总是从一个族群或单独的个体来观照这个民族的精神和灵魂的。司马迁对中华民族文化心理的揭示主要是通过描绘各个时代卓尔不群、风格迥异的精英人物来实现的。因此，《史记》人物传记从表现心理的角度可划分为独传和汇传两类。

所谓独传即指纯粹的一人一传者。它以通叙传主一生的行事来见其心理。它包括：本纪类的秦始皇、项羽、高祖、吕太后、孝文、孝景及孝武七人；世家类的勾践、孔子、陈涉、楚元王、齐悼惠王、萧何、曹参、张良、陈平、周勃及梁孝王十一人；列传类的伯夷、司马穰苴、伍子胥、商鞅、苏秦、张仪、穰侯、孟尝君、魏公子、春申君、乐毅、田单、吕不韦、李斯、蒙恬、黥布、韩信、田叔、吴王濞、韩长孺、李将军及司马相如二十二人。以上计四十人每人独享一传。他们的精神风貌随传记情节的发展而逐步显现出来，其主要心理特征也清晰可见，如商鞅的忌刻、秦始

1 刘伟民：《司马迁研究》，台湾编译馆，1975，第 278—301 页。

2 ［韩］朴宰雨：《〈史记〉〈汉书〉比较研究》，中国文学出版社，1994，第 228—242 页。

皇的暴虐、项羽的自负、吕后的阴鸷、曹参的厚道、李广的悲愤等。《史记》全书涉及的历史人物不下三千，其中传述详赡、形象鲜明的在百人以上。可见，独立入传的人物所占比例实际上比较小，大多数人物太史公都是将其汇而传之。凡汇合两个或两个以上的人物共作一传者均为汇传。他们或因职守相同而汇合，如五帝、管仲与晏婴、卫青与霍去病等；或因性行相类而汇合，如循吏、酷吏、刺客、游侠、日者、佞幸等；或因学术同源而汇合，如老子与韩非子、孟子与荀卿、仲尼与弟子等；或因同为皇亲而汇合，如田蚡与李延年及李广利等。

二、以类相从、比照映现心理揭示法的优点

由上可见，在《史记》的人物传记中，事实上单独传述的比合而传之的要少。这就是说，司马迁多是将历史人物放在一起，编次同类，作群体的观照，从而凸现“类”或“群”的心理。这样写，一方面可以用尽可能少的篇章表现尽可能多的人物及其内心，从而强化“类”或“群”的心理特征。如，在《酷吏列传》中，单个酷吏的心态特征不甚清晰，但酷吏酷烈媚上的群体心理却非常明显。《魏其武安侯列传》是窦婴、田蚡和灌夫三人的合传。窦婴是汉文帝皇后从兄之子，“七国之乱”后，被封为魏其侯；田蚡是汉景帝皇后同母弟，景帝后三年，被封为武安侯。二人均以外戚显贵，但都是不学无术的碌碌之辈。司马迁在本传论赞中对二人予以了激烈批评：

> 魏其、武安皆以外戚重，灌夫用一时决策而名显。魏其之举以吴楚，武安之贵在日月之际。然魏其诚不知时变，灌夫无术而不逊，两人相翼，乃成祸乱。武安负贵而好权，杯酒责望，陷彼两贤。呜呼哀哉！迁怒及人，命亦不延。众庶不载，竟被恶言。呜呼哀哉！祸所从来矣！

本传以“争”“让”为一篇之眼，但在本传中却多借他人来写，特别是从先后做过窦婴、田蚡门客的籍福言行中，写魏其的不能容；更重要的是，以“同类相映”来写二人的争斗。王又朴《〈史记〉七篇读法》对此有精彩的分析：“前叙薄官病免，谢病屏居蓝田，皆写其不能容也，乃本意责魏其之争而不让，而却写武安之让（籍福说武安让相魏其），却写武安之争时不知让（韩安国谓武安与魏其争），以为魏其反照。此等文法，古今来惟史公独步；此种文心，亦惟史公独得。后世不惟作者之难，即求知者而亦不可得矣。”[1] 析人而能得文心，亦不负太史公苦心经营之旨！

以类相从、比照映现的另一个优点是利于对比观照。在横向上，司马迁借此展现不同类群的不同内心世界，使之具有广泛性的特点。除了上举之例外，还如屈原、贾谊二人同传，传达了怀才不遇者悲愤幽怨的心理；《刺客列传》则表现了荆轲等刺客“甘为知己死”的悲壮内心；《滑稽列传》又写出了东方朔等下层士林忧国为民的精神；等等。司马迁并行不悖地观照上至帝王将相下及学者游侠、商贾谋士、医卜倡优等类群及其心理，从而展现了一幅美丑俱现、善恶偕存、伟大与渺小同在、崇高与鄙陋共生的人类心态图。

在纵向上，司马迁将这种对比贯穿于历史发展的始终，展示了同一类群人物在不同历史条件下的内心变迁，凸显同一类群中不同类型人物的差异性，从而使美者愈美、丑者更丑，并借以表达自己彰善瘅恶、慕贤憎佞等主观意绪，这就使其具有动态性的特点。这突出地表现在对君、将、相、吏这四个类群人物心理的描写上。明主贤君仁心爱民，天下为公，骄主昏君失德多暴，天下为私；良将忧国忧民、不畏主威，媚将苟合取容、阿意兴功；贤相心系王业、虑危治平，佞相趋时自处、诡合求荣；循吏奉法循理、刚直守节，酷吏残暴挠法、阿上邀功，如此等等，对照着写来，

1 ［汉］司马迁著、［清］王又朴编选、凌朝栋整理：《〈史记〉七篇读法》，商务印书馆，2013，第130页。

使美者更美、丑者愈丑，而作者的褒贬劝惩之意亦于其中不言自明。清代的王鸣盛说："李广传赞，美其死天下知与不知皆尽哀，忠心诚信于士大夫；卫青传赞则著其不肯招士，位尊而天下贤大夫无称，两两相形，优劣自见。"[1] 王氏认为太史公在"两两相形"中表明褒贬抑扬的态度的看法是十分中肯的。

当然，比照映现法不仅便于展示类群心理，而且也时常被用来揭示历史个体的内心境界。试看他对项羽、刘邦、陈涉的独白的不同叙写：

> 秦始皇帝游会稽，渡浙江，梁与籍俱观。籍曰："彼可取而代也。"
>
> 高祖常繇咸阳，纵观，观秦皇帝，喟然太息曰："嗟乎，大丈夫当如此也！"
>
> 陈涉少时，尝与人佣耕，辍耕之垄上，怅恨久之，曰："苟富贵，无相忘。"庸者笑而应曰："若为佣耕，何富贵也？"陈涉太息曰："嗟呼，燕雀安知鸿鹄之志哉！"

项羽、刘邦、陈涉三人同为秦末揭竿而起的义军领袖，对秦王朝都有取而代之的志向，但他们言志的独白却不同，这不仅折射了三人不同的出身背景，也反映了迥异的心理。项羽是楚国贵族的后代，力大才高，所以他的独白体现了直率豪迈、自负自信的心理。刘邦是不务正业的无赖，做过最下级的亭长，他的独白流露了对富贵权势的垂涎贪慕。陈涉是个替人种田的雇农，处于社会的最底层，他的独白反映了不安于现状的心理，同时也显示了他自命不凡的期许。可以说，广泛而灵活地运用对比是《史记》描写个体人物心理的重要手法，而这一手法也同样适用于其对社会类群及民族文化心理的揭示。

总之，司马迁善于运用以类相从、对比映现的技巧，记录一类或一群

---

1 ［清］王鸣盛：《十七史商榷》卷六，载《续修四库全书》第452册，上海古籍出版社，2002，第217页。

人物及其中不同类型者各异的内心世界，并以此作为时代和社会的侧影折射出不同历史时期的社会特征和文化心理，从而勾勒出一部中华民族的心灵史。

第三节
借宾形主、寓主于宾的主客心理互渗法

《屈原》

（清·舒位《瓶水斋诗集》卷七）

一部《离骚》即楚风，美人香草老诗翁。
恨他生及春秋后，不得删同郑卫中。
十万荆台留宋玉，八千奇字畔扬雄。
文词何与人家国，倾倒龙门太史公。

一、借宾形主、寓主于宾的互渗法的来源

黄蓼园在《蓼园词评》中论及苏轼的《念奴娇·赤壁怀古》时说："总而言之，题是赤壁，心实为己而发。周郎是宾，自己是主。借宾定主，寓主于宾。是主是宾，离奇变幻，细思方得其主意处。"[1] 所谓"借宾定主"，一般是指"文章中借用次要的人事来充分肯定所要歌颂的主要人物的手法"。[2] 不过，在黄蓼园的评论中，"借宾定主"实际上是超出此意，指借助诗文中的抒情主人公来表现自己的内心世界等，这与司马迁在《史记》中常常寄寓己心于历史人物若合符契。李晚芳在评论《史记·管

1 ［清］黄蓼园：《蓼园词评》，载唐圭璋编《词话丛编》第四册，中华书局，1986，第 3077 页。
2 金振邦：《文章技法辞典》，东北师范大学出版社，1991，第 524 页。

晏列传》时，以“借宾形主”来表述此意（详后）。虑及本书的讨论对象，这里融合二人所论，以“借宾形主，寓主于宾”来考察司马迁笔下人物展现出的主体心绪；从广义上说，这是作家表达内心的一种特殊方式，意谓创作者将自己的主观情感寄寓于所创造的艺术形象上，借此来传达创作主体的内心思绪、价值准则等。虽然《史记》在相当的程度上是一部纪实性的历史著作，但正如众多的研究者所指出的那样，《史记》中蕴藉了司马迁自己的主观心绪、价值判断和内在情感等。这些除了在传记的论赞中有较直接的表达外，更多的是潜藏于作者笔下的人物。也就是说，尽管“借宾形主，寓主于宾”的表述形式出现较晚，但这种创作意识在司马迁的心中确乎存在。又，《太史公自序》云：“七年而太史公遭李陵之祸，幽于缧绁。……退而深惟曰：‘夫《诗》《书》隐约者，欲遂其志之思也。……此人皆意有所郁结，不得通其道也，故述往事，思来者。’于是卒述陶唐以来，至于麟止，自黄帝始”。这就是说，司马迁有意识地运用“借宾形主，寓主于宾”的方法是在他遭受“李陵之祸”后。

存在决定意识。人的主观情感和内心感受源于外在事物的触发，而当这类外在事物是人们不愿想见的苦难和不幸时，它给予人内心的触动就会特别强烈和深刻。对一个作家来说，个人的苦难和不幸及它们造就的内心波澜，都有可能作为经验形态进入文学创作，以不同的方式或隐或显地在作品中表现出来。在司马迁的人生遭际中，“李陵之祸”是最惨恻的一页。他激于义“而为李陵游说，遂下于理”，更不幸的是，太史公“家贫，财赂不足以自赎，交游莫救，左右亲近不为一言”，致使他终受腐刑。这一事件不仅使他的肉体受到无可弥补的损伤，更让他那颗豪迈不羁的心灵遭受永不愈合的伤痛。这一事件也让司马迁更彻底地认清了现实世界，他把先前对于社会的热情全部贯注于自己的作品，希望以此来“托身于世”，此时的纪传人物恰好成为承载作者内心世界的叶叶扁舟。

二、借宾形主、寓主于宾的互渗法的抉发

《史记》一书，人物繁多，行事有别，心性亦异，太史公当然不可能将其心绪寄寓于每个传主身上，但即使如此，其主体心思依然千头万绪，不能尽述。所以，接下来试以典型例证法稍加抉发。

《汲郑列传》载："下邽翟公有言，始翟公为廷尉，宾客阗门；及废，门外可设雀罗。翟公复为廷尉，宾客欲往，翟公乃大署其门曰：'一死一生，乃知交情。一贫一富，乃知交态。一贵一贱，交情乃见。'"又，《廉颇蔺相如列传》记："廉颇之免长平归也，失势之时，故客尽去。及复用为将，客又复至。廉颇曰：'客退矣！'客曰：'吁！君何见之晚也？夫天下以市道交，君有势，我则从君，君无势则去，此固其理也，有何怨乎？'"在司马迁生命中最需要帮助的时候，昔日的朋友和同朝为官的公卿大夫们竟没有一个出来为他说一句话，没有一个伸出援助之手，这让他深深地体味到了人世的炎凉和人性的冷漠。因此，传中的翟公和廉颇的门客可谓"宾"，他们的现身说法，实际上道出了"主"司马迁内心对炎凉世态和势利举动的厌恶和愤懑之感。

身陷囹圄，无有匡救，这让司马迁深失所望，故而他深刻地意识到游侠救人于厄困的侠义行为和"知心之交"的可贵。他在《游侠列传》中写道：

> 且缓急，人之所时有也。太史公曰：昔者虞舜窘于井廪，伊尹负于鼎俎，傅说匿于傅险，吕尚困于棘津，夷吾桎梏，百里饭牛，仲尼畏匡，菜色陈、蔡。此皆学士所谓有道仁人也，犹然遭此灾，况以中材而涉乱世之末流乎？其遇害何可胜道哉！

他以历史名贤的窘厄与自己的不幸并称，目的在说明人生充满厄困与窘迫，需要有特异不羁之人和一种特别的社会力量去扶危济困，而刺客和游

侠不正是这样的人，也拥有这样的力量吗？从这个意义上说，他为“死义之士”作传，实是“从自身痛苦的生命体验中所发出的对于救助厄困之士的深情呼唤”。[1] 在这里，“游侠”是“宾”，在他们身上司马迁寄寓了对振人于厄的侠义精神的渴望和倾慕之心。

《管晏列传》的传主是春秋时期有突出功业的政治家管仲和晏婴，但在传记中，司马迁却只“论其轶事”，并提炼出“知心之交”作为一篇之目。这与他特殊的人生体验和生命感受是分不开的。司马迁身受法困，昔日交游竟无一匡救，这不能不让他思考真正的交友之道。通过考察管仲和晏婴的交游，他得出结论：交友之道根本在知心。本传论赞云：“假令晏子而在，余虽为之执鞭，所忻慕焉。”他如此倾慕晏婴，完全是因为晏子能知人之心。李晚芳说：“传者详其平生言行而著之，以传其人之谓。《管晏传》不然，亦史公变体也。赞中所谓论其轶事，是也。两传皆以志友道、交情，曰知我、曰知己，两篇合叙联结之真谛也。太史遭刑，不能自赎，交游莫救，故作此二传，寄意独深。使当时有知管仲之鲍子知之，或可劝君解免；有知越石父之晏子知之，亦可援法代赎。多鲍叔之知人，与执鞭所欣慕，皆情见乎辞矣，故落笔时，有不胜望古遥集之悲，反复抑扬，又有笔欲住而意不住之妙。盖人之相知，贵相知心，不以贵贱患难而有间，斯足千古。故于《管传》，即在仲口中，备言鲍子知我之感，慷慨淋漓，可歌可泣，知之者贤，则受知者之贤自见。《晏传》亦于越石父口中，反言知己无礼之当绝，亦深知晏子必悔而优待之以成一段患难相知之谊。使人至今重晏子者，越石父也，皆借宾形主之法。”[2] 此论甚当。管、晏是“宾”，寄托了司马迁对知心之交的向往和忻慕。

屈原是司马迁极为敬重的人物之一。在《屈原贾生列传》中，以近一半的篇章直接抒情和议论，表达对屈原卓越才干、爱国热情和伟大人格

---

1 陈桐生：《〈史记〉名篇述论稿》，汕头大学出版社，1996，第 270 页。

2 ［清］李晚芳著、［日］陶所池内校订：《读史管见》卷二，浪华书林、群玉堂翻刻安政三年京都如射书院本，1856，第 27 页。

的崇敬。司马迁还推论《离骚》的创作缘由："屈平疾王听之不聪也，谗谄之蔽明也，邪曲之害公也，方正之不容也，故忧愁幽思而作《离骚》。离骚者，犹离忧也。夫天者，人之始也；父母者，人之本也。人穷则反本，故劳苦倦极，未尝不呼天也；疾痛惨怛，未尝不呼父母也。屈平正道直行，竭忠尽智以事其君，谗人间之，可谓穷矣。信而见疑，忠而被谤，能无怨乎？屈平之作《离骚》，盖自怨生也。"这一推断不仅是作者对客体屈原内心世界的萃取，更是自己创作动机和人生感怀的真实流露——个人在面对群体阴暗时的渺小，正义不能表于言行的忧郁和奇志不通途的无奈与绝望。李景星《史记评议》论此传说："通篇多用虚笔，以抑郁难遏之气，写怀才不遇之感，岂独屈、贾两人合传，直作屈、贾、司马三人合传读可也。"[1] 这实际上已指明了此篇"借宾形主，寓主于宾"手法的存在。

在对先秦诸子的内心世界的剖析中，司马迁更明晰地展示了自己的心路历程。遭受宫刑后，司马迁陷入了无可名状的悲痛与耻辱之中。他说："身非木石，独与法吏为伍，深幽囹圄之中，谁可告诉者！……事未易一二为俗人言也。"又说："肠一日而九回，居则忽忽若有所亡，出则不知其所往。……每念斯耻，汗未尝不发背沾衣也。"[2] 可佩的是，他没有"自沉溺缧绁之辱"，而是从先导的身上汲取了力量，"退而论书策，以舒其愤，思垂空文以自见"[3]。腐刑改变了他与现实世界的关系，而深沉的悲愤与孤独又让他得以通过愤书立言来建立一个精神世界，并借此来观照历史，映射现实与自我，期许未来。在这一点，司马迁之心与以孔子为代表的思想者的心是息息相通的。《孔子世家》云："《诗》有之：'高山仰止，景行行止。'虽不能至，然心向往之。余读孔氏书，想见其为人。适鲁，观仲尼庙堂车服礼器，诸生以时习礼其家，余祗回留之不能去云。"

1　[清] 李景星著、陆永品点校：《史记评议》，上海古籍出版社，2008，第 173 页。

2　[汉] 司马迁：《报任少卿书》，载 [梁] 萧统编、[唐] 李善注《文选》卷四十一，上海古籍出版社，1986，第 1859—1860 页。

3　同上书，第 1865 页。

黑格尔曾说："真正的抒情因素也不是实际客观事物的面貌，而是客观事物在主体心中所引起的回声，所造成的心境，即在这种环境中感觉到自己的心灵。"[1] 司马迁睹物思人，回想孔子厄困著书、激愤厉志的心路历程，实已借"宾"孔子道尽了自己内心的万千意绪。

综上可见，"借宾形主，寓主于宾"手法的最重要特点是隐喻性。"宾"是载体，通过它含蓄地表现出"主"——创作者的心绪和情感是这一方法的目标。作为历史著作的《史记》，"实录"的前提决定了它不可能如纯粹的抒情性作品那样去直举胸情，而只能通过某种方式曲折地进行。"寓主于宾，借宾定主"的隐喻性特征正与此契合。前人所谓司马迁"借他人之酒杯，浇胸中之块垒"[2] 的评论实际上也指明了这一点。事实上，也正是运用了这一方式，司马迁才勾连起了《史记》心理描写的客观和主观两方面的内容，将他们熔于一炉而铸成了一个造微入妙、极妍尽致的心灵世界。

1 [德] 黑格尔著：《美学》(第三卷下册)，朱光潜译，商务印书馆，1981，第 213 页。

2 [清] 袁文典：《永昌府文征》卷十二，载杨燕起等编《历代名家评史记》，北京师范大学出版社，1986，第 28 页。

参考文献

一、典籍

［1］［春秋］孙武撰，郭化若译注．孙子译注［M］．上海：上海古籍出版社，1984．

［2］［汉］班固撰，［唐］颜师古注．汉书［M］．北京：中华书局，1962．

［3］［汉］司马迁撰，［日］泷川资言考证．史记会注考证［M］．北京：文学古籍刊行社，1955．

［4］［汉］许慎．说文解字［M］．北京：中华书局，1963．

［5］［汉］赵岐注，［宋］孙奭疏．孟子注疏（十三经注疏本）［M］．北京：中华书局，1980．

［6］［汉］郑玄注，［唐］孔颖达疏．礼记正义（十三经注疏本）［M］．北京：中华书局，1980．

［7］［汉］孔安国传，［唐］孔颖达疏．尚书正义（十三经注疏本）［M］．北京：中华书局，1980．

［8］［汉］董仲舒．春秋繁露（二十二子本）［M］．上海：上海古籍出版社，1986．

［9］［汉］桓宽著，王利器校注．盐铁论校注（定本）［M］．北京：中华书局，1992．

［10］［汉］司马迁撰，［南朝宋］裴骃集解，［唐］司马贞索隐，［唐］张守节正义．史记（点校本二十四史修订本）［M］．北京：中华书局，2014．

［11］［晋］葛洪．西京杂记［M］．北京：中华书局，1985．

［12］［南朝宋］范晔撰，［唐］李贤等注．后汉书［M］．北京：中华书局，1965．

[13] [南朝梁] 萧统编，[唐] 李善注. 文选 [M]. 上海：上海古籍出版社，1986.
[14] [唐] 魏征，等. 隋书 [M]. 北京：中华书局，1973.
[15] [唐] 刘知幾. 史通（影印文渊阁四库全书第685册）[M]. 台北：台湾商务印书馆，1986.
[16] [后晋] 刘昫等撰. 旧唐书 [M]. 北京：中华书局，1975.
[17] [宋] 王溥. 唐会要 [M]. 北京：中华书局，1955.
[18] [宋] 朱熹. 四书章句集注 [M]. 北京：中华书局，1983.
[19] [宋] 王应麟著，[清] 翁元圻等注，栾保群、田松青、吕宗力校点. 困学纪闻（全校本）[M]. 上海：上海古籍出版社，2008.
[20] [明] 刘绩补注，陈广忠校理. 淮南鸿烈解 [M]. 合肥：黄山书社，2012.
[21] [宋] 黄震著，张伟、何忠礼主编. 黄氏日抄（黄震全集第五册）[M]. 杭州：浙江大学出版社，2013.
[22] [宋] 洪迈著，穆公校点. 容斋随笔 [M]. 上海：上海古籍出版社，2015.
[23] [明] 许相卿. 史汉方驾 [M]. 明万历十三年徐禾校刊本，1585.
[24] [明] 茅坤. 史记钞 [M]. 哈佛大学藏明泰昌元年乌程闵氏刊朱墨套印本，1620.
[25] [明] 谢肇淛. 五杂俎 [M]. 上海：中华书局上海编辑所，1959.
[26] [明] 凌稚隆辑校，[明] 李光缙增补，[日] 有井范平补标. 补标史记评林 [M]. 台北：兰台书局，1968.
[27] [明] 王世贞著，罗仲鼎校注. 艺苑卮言校注 [M]. 济南：齐鲁书社，1992.
[28] [明] 胡应麟. 少室山房笔丛 [M]. 上海：上海书店出版社，2001.
[29] [明] 李贽. 藏书（续修四库全书第302册）[M]. 上海：上海古籍出版社，2002.
[30] [明] 何良俊撰，李剑雄校点. 四友斋丛说 [M]. 上海：上海古籍出版社，2012.
[31] [清] 李晚芳著，[日] 陶所池内校订. 读史管见 [M]. 浪华书林、群玉堂翻刻安政三年京都如射书院本，1856.
[32] [清] 崔述. 洙泗考信录（丛书集成初编本第143册）[M]. 上海：商务印

书馆，1928.
[33]［清］方苞. 方望溪全集［M］. 上海：世界书局，1936.
[34]［清］郭嵩焘. 史记札记［M］. 北京：商务印书馆，1957.
[35]［清］郭庆藩. 庄子集释［M］. 北京：中华书局，1961.
[36]［清］刘熙载. 艺概［M］. 上海：上海古籍出版社，1978.
[37]［清］赵翼著，王树民校证. 廿二史札记校证［M］. 北京：中华书局，1984.
[38]［清］章学诚著，叶瑛校注. 文史通义校注［M］. 北京：中华书局，1985.
[39]［清］凌扬藻. 蠡勺编（丛书集成初编本）［M］. 北京：中华书局，1985.
[40]［清］黄宗羲原著，全祖望补修，陈金生、梁运华点校. 宋元学案：第一册［M］. 北京：中华书局，1986.
[41]［清］黄蓼园. 蓼园词评（词话丛编第四册）［M］. 北京：中华书局，1986.
[42]［清］王先谦. 庄子集解［M］. 北京：中华书局，1987.
[43]［清］姚苧田节评. 史记菁华录［M］. 上海：上海古籍出版社，1988.
[44]［清］刘宝楠. 论语正义［M］. 北京：中华书局. 1990.
[45]［清］唐彪辑著，赵伯英、万恒德选注. 家塾教学法［M］. 上海：华东师范大学出版社，1992.
[46]［清］孙诒让. 墨子间诂［M］. 北京：中华书局，2001.
[47]［清］王鸣盛. 十七史商榷（续修四库全书第452册）［M］. 上海：上海古籍出版社，2002.
[48]［清］张云璈. 简松草堂文集（续修四库全书第1471册）［M］. 上海：上海古籍出版社，2002.
[49]［清］王又朴编选，凌朝栋整理.《史记》七篇读法［M］. 北京：商务印书馆，2013.
[50] 杨伯峻. 列子集释［M］. 北京：中华书局，1979.
[51] 杨伯峻. 春秋左传注（修订本）［M］. 北京：中华书局，1992.
[52] 徐元诰. 国语集解（修订本）［M］. 北京：中华书局，2002.
[53]［西汉］刘向集录，范祥雍笺证，范邦瑾协校. 战国策笺证［M］. 上海：上海古籍出版社，2006.

二、专著

[54] [丹麦] 格奥尔格·勃兰克斯. 十九世纪文学主流：第一分册 [M]. 北京：人民文学出版社，1980.

[55] [德] 黑格尔. 美学 [M]. 朱光潜，译. 北京：商务印书馆，1981.

[56] 马非百. 秦集史 [M]. 北京：中华书局，1982.

[57] 逯钦立. 先秦汉魏晋南北朝诗 [M]. 北京：中华书局，1983.

[58] 钱锺书. 谈艺录 [M]. 北京：中华书局，1984.

[59] 钱锺书. 管锥编 [M]. 北京：中华书局，1979.

[60] 张亚初，刘雨. 西周金文官制研究 [M]. 北京：中华书局，1986.

[61] 张大可. 史记论赞辑释 [M]. 西安：陕西人民出版社，1986.

[62] 聂石樵. 司马迁论稿 [M]. 北京：北京师范大学出版社，1987.

[63] 朱光潜. 朱光潜全集 [M]. 第 4 卷. 合肥：安徽教育出版社，1988.

[64] 金振邦. 文章技法辞典 [M]. 长春：东北师范大学出版社，1991.

[65] 程俊英，蒋见元. 诗经注析 [M]. 北京：中华书局，1991.

[66] [韩] 朴宰雨.《史记》《汉书》比较研究 [M]. 北京：中国文学出版社，1994.

[67] 陈桐生.《史记》名篇述论稿 [M]. 汕头：汕头大学出版社，1996.

[68] 陈桐生. 史记与诗经 [M]. 北京：人民文学出版社，2000.

[69] 李守奎. 扬子法言译注 [M]. 哈尔滨：黑龙江人民出版社，2003.

[70] 袁传璋. 太史公生平著作考论 [M]. 合肥：安徽人民出版社，2005.

[71] 宗白华. 美学散步 [M]. 上海：上海人民出版社，2005.

[72] 顾颉刚. 史林杂识初编 [M]. 北京：中华书局，2005.

[73] 杨燕起，等. 史记研究集成 [M]. 第六卷. 北京：华文出版社，2005.

[74] 池万兴.《史记》与民族精神 [M]. 济南：齐鲁书社，2009.

[75] 朱东润. 史记考索 [M]. 武汉：武汉大学出版社，2009.

[76] [美] 杜维明. 道·学·政：论儒家知识分子 [M]. 钱文忠，盛勤，译. 上海：上海人民出版社，2000.

[77] [日] 吉川幸次郎. 中国诗史 [M]. 章培恒，等，译. 上海：复旦大学出版

社，2001.

[78] 周振甫.《史记》集评 [M]. 重庆：重庆大学出版社，2010.

[79] 中国史记研究会. 史记教程 [M]. 北京：商务印书馆，2011.

[80] 可永雪.《史记》文学成就论衡 [M]. 北京：中央民族大学出版社，2012.

[81] 王辉斌. 商周逸诗辑考 [M]. 黄山：黄山书社，2012.

[82] 张文江.《史记·太史公自序》讲记（外一篇）[M]. 上海：上海文艺出版社，2015.

[83] 叶文举. 经学视野下的《史记》与《周易》《春秋》[M]. 芜湖：安徽师范大学出版社，2015.

[84] 李长之. 司马迁之人格与风格 [M]. 北京：商务印书馆，2017.

[85] 辛德勇. 史记新本校勘 [M]. 桂林：广西师范大学出版社，2017.

[86] 黄永年. 司马迁的故事 [M]. 北京：商务印书馆，2018.

[87] 王紫微. 出经入史：从《春秋》到《史记》[M]. 武汉：华中科技大学出版社，2018.

[88] 刘咸炘著，张大可、徐兴海校注. 太史公书知意 [M]. 北京：商务印书馆，2018.

[89] 王子今. 千秋太史公：司马迁的史学与人类学 [M]. 太原：书海出版社，2018.

[90] 董成龙. 武帝文教与史家笔法：《史记》中高祖立朝至武帝立教的大事因缘 [M]. 上海：华东师范大学出版社，2019.

三、论文

[91] 雷协中. 史记的文学观 [J]. 云南教育杂志，1922，11（7）：26-29.

[92] 袁著. 司马迁史记文学之研究 [J]. 国立中央大学半月刊，1930，1（13）：115-156.

[93] 高步瀛. 史记太史公自序笺证 [J]. 女师大学术季刊，1930，1（1）：1-74.

[94] [美] 华滋生. 司马迁的思想 [J]. 张端穗、郎亚玲译. 东海中文学报，1981（2）：91-118.

[95] 张振珮，张新民.“《史记》谤书说”驳议 [J]. 贵州社会科学，1981 (5)：77-83.

[96] 张大可. 太史公释名考辨——兼论《史记》书名之演变 [J]. 人文杂志，1983 (2)：95-103.

[97] 张大可. 司马谈作史考论述评 [J]. 青海师范学院学报 (哲学社会科学版)，1984 (2)：85-93.

[98] 可永雪. 名山之宝谁识得？——谈前人在对《史记》文学性的认识上所走过的路 [J]. 语文学刊，1987 (3)：1-4.

[99] 张中行. 史记“妙笔”三例 [J]. 读书，1992 (11)：126-134.

[100] 可永雪.《史记》文学性界说——纪念司马迁诞辰 2140 周年 [J]. 内蒙古师范大学学报，1995 (3)：44-51.

[101] 徐朔方. 评《史记·大宛列传》的真伪问题 [J]. 杭州大学学报 (哲学社会科学版)，1995 (4)：104-105.

[102] 阮芝生. 三司马与汉武帝封禅 [J]. 台大历史学报，1996 (20)：307-340.

[103] 丁贵民，韩彩霞. 吉林长白朝鲜族自治县发现蔺相如铜戈 [J]. 文物，1998 (5)：91-92.

[104] 王冬. 古代“中和”观及其现实意义 [J]. 天津师范大学学报 (社会科学版)，2000 (2)：10-14.

[105] 阮芝生. 司马迁之心——《报任少卿书》析论 [J]. 台大历史学报，2000 (26)：151-205.

[106] 宋超.“论大道则先黄老而后六经”再评议 [J]. 周口师范学院学报，2003 (1)：78-82.

[107] 易宁，易平.“司马谈作史”说质疑 [J]. 北京师范大学学报，2004 (1)：67-75.

[108] 可永雪. 从关注“为人”到“心灵”大师——司马迁对人心人性的探究 [J]. 渭南师范学院学报，2005 (3)：3-8.

[109] 蔡先金，孙东华. 历史的浪漫：司马迁的蔺相如叙事 [J]. 重庆交通大学学报，2007 (6)：65-69.

[110] 杨义.《史记》人文世界及著述体例[J].学术研究，2012（12）：128-138.

[111] 衣若兰.才女史评越扶桑——和刻本李晚芳《读史管见》的出版与流传[J].台大历史学报，2015（55）：173-217.

[112] 吴名岗.太史公为司马谈者辨识[J].渭南师范学院学报，2017（5）：48-53.

[113] 邱诗雯.《史记》作者数位化研究初探——以《三十世家》虚字字频为例[J].数位典藏与数位人文，2018（2）：49-69.

后记

本书之名，取意于清人浦起龙《读杜心解》：“摄吾之心印杜之心，吾之心闷闷然而往，杜之心活活然而来，邂逅于无何有之乡，而吾之解出焉。”这是二田先生的夫子自道，亦见其心法自信。

《史记》乃乙部之首，也是最重要的中国文化原典之一。魏晋以降，校证诠谛者，名家代有，胜义纷出，端难尽举。余生也晚，“邂逅”《史记》虽已积年，奈何天性钝拙，始终未达“无何有之乡”。十多年前，我追随蒋师立甫、袁师传璋和潘师啸龙三位先生研习先秦两汉文学，并草成5万余字的硕士学位论文《〈史记〉的心灵世界及其艺术表现》，试图以“心灵史”为视角管窥《太史公书》之壶奥。诸师审阅后未加苛责，反多勖勉；陈桐生先生也鼓励我将其扩写出版。但是，我自知绠短汲深，识蔽文浅，因此藏之箧笥，不敢示人。孰料高阁一弃，倏忽十数载！

2016年秋季学期以来，我因扬州大学文学院研究性阅读中心之约，与学生共读《史记》，时或偏向“心灵史”一途。2017年底，作为江苏高校首批品牌专业之一的扬州大学汉语言文学专业启动“涵泳经典”丛书的编撰工作，我终于想起束之已久的学位论文，遂效二田先生之作，以“《史记》心解”为题提交了申请，并有幸入选；2018年4月，其又获批为扬州大学首批重点教材之一。嗣后，我以前述学位论文为底稿，增损涂乙，草成本书。其撰述思路与一般教材并不相同，而以“作为心灵史的

《史记》”为认知基础，以“摄吾之心印太史公之心”为方法论，以解读《史记》的“中华民族之心”“历史类群人物之心”为基本径向，以窥视“太史公之心”为深层追求，借由“两种面向”与“自客溯主”交织的撰写框架，在通常的历史、文学、文化和思想解析之外揭示出《史记》的“心灵史”脉络与价值。当然，这仅仅是我的臆出“心法”而已，成效如何，尚待检视；其间摸象之谬，必不能免，祈请方家大雅不吝赐正！

日驰月逝，岁不我与。当年引领我走上学术之路的蒋、袁、潘三师，现在皆已荣休，但仍笔耕不辍，时见新作，令我感佩无涯！本书撰写过程中，扬州大学汉语言文学品牌专业负责人柳宏先生时时关怀，教诲甚多，特申谢忱！书稿甫成，王豪、徐灿瑛、于明珠、张璐诸君即帮忙校勘文字，谨表谢意！本书责编王婷女士谨严有度，往还之间，多有匡益，敬陈悬谢！另外，本书的少数章节曾在不同的学术刊物公开发表；为提示内容、引导阅读，本书每节前均引用了一首古诗或词，其中大部分采自赵望秦先生、蔡丹博士辑录的《史记与咏史诗》一书。特此说明，一并致谢！

倪晋波

2019 年 5 月 15 日